COMMUNICATING THROUGH MUSIC THERAPY
A Connection that Transcends the Spoken Word

こころをつなぐ
ミュージックセラピー

ことばを超える音との対話

稲田雅美
[著]

ミネルヴァ書房

はじめに

　昨今，日本各地の福祉施設や病院において，「音楽療法」と呼ばれる活動が広く実践されるようになってきました。しかしながら，「音楽療法」ということばに対する共通認識はまだじゅうぶんになされているとはいいがたく，欧米の「ミュージックセラピー」のように準医療領域のひとつとして確立されるにも至っていません。

　ひと昔前まで，「音楽療法」とは，音楽に「癒しのちから」があることを期待して，穏やかなクラシック音楽やいわゆるヒーリングミュージックを聴くことであると思われていました。その背景には，音楽に関する生理学的な研究の蓄積があります。たとえば，音楽を聴取する前と聴取した後の脈拍数や血圧などの変化を比較すると，どのような音楽に鎮静効果あるいは活性効果があるのかが数値的に明らかになります。しかし，音楽を観賞することを基本としたこのような研究や実践においては，音楽を提供する人間が音楽の受け手に対していかに関与するかということについてはほとんど問われません。したがってこのようなアプローチは，これから本書で展開していく「ミュージックセラピー」の守備範囲には入りません。ミュージックセラピーの基本要件は，セラピストの人間性と音楽性が介在することにあります。

　一方，現在の日本において「音楽療法」と称されている活動の展開は，おおよそつぎのような2つの状況にあると思われます。ひとつは，活動を率いる人の提案や指示に沿って，なじみの歌を合唱したり，音楽にあわせて簡単な楽器でリズムをとったりするもので，前者は「集団歌唱療法」と呼ばれることもあるようです。このような活動は，音楽を通じて過去のできごとや思い出を共有できる，あるいは，「いま，ここで」の気持ちを分かちあうことができるといった面で，とくに高齢者を対象とする場合などにおいて積極的な意味があるこ

i

とはたしかです．しかもそこには，音楽を鑑賞することでは果たせないところの，人と人とのかかわりもあります．参加者たちは，指導者の求めに従ってうたったり演奏したりすればよいという安心感をもつことができます．さらには，くり返し練習することで音楽の完成度が高くなり，充足感が得られることもあります．しかしながらこの種の活動では，指導者のはたらきかけがともすれば一方的になってしまう傾向があります．「ミュージックセラピー」というものは，指導者の指示どおり，計画どおりに活動が進行することには大きな価値を見出しません．「ミュージックセラピー」の本質は，セラピストが参加者（クライエント）とともに音楽をつくることにあります．ふたつめは，海外で実践されているミュージックセラピーのかたちをまねるようにして，「音楽療法」を導入しているケースです．そのもっともよく見られる例は，ふたりのセラピストを擁して，参加者の音楽的な興味を引き出していくという活動です．それは，ミュージックセラピーが盛んなアメリカやイギリスにおいてもかなり特別な形態（いわゆるノードフ・ロビンズアプローチと呼ばれるもので，これについては本文中で言及します）なのですが，とくに障害のある小児を対象にする場合に，複数の大人が活動の場にいると子どもへの対応が好都合であるという現実的な理由から，広くとり入れられています．しかし，ふたりのセラピストがひとつの治療空間につねに存在していることの意味がしっかりと検討されたのちに実施されているかどうかについては疑問の余地があります．

　今後の日本において真のミュージックセラピーを展開していくためには，確固たる理論的基盤のもとに発展を続けている欧米のミュージックセラピーの本質を見極めつつ，日本の文化や生活様式に見あう実践方法や，それを支える学問体系を探求する必要があると思われます．

　本書は，2003年に刊行された『ミュージックセラピィ──対話のエチュード』を全面的に見直して再構成したものです．前書を執筆していた当時は，ミュージックセラピー先進国の事情を伝えることが日本における「ミュージックセラピー」の導入と展開にもっとも役立つと考え，アメリカを中心とした近代ミュージックセラピーの歴史的変遷や，イギリスにおけるセラピストの職業的

地位などについて詳細に紹介しました。また，日本においても「音楽療法」を実践する人びとが増えていく時期にあって，病気や障害についての基礎知識を提示することも必要と判断し，とくに発達障害や精神障害について詳しく説明しました。本書では，以上のような内容は文脈上の必要に応じてとり上げることとし，内容的に，「心理療法の一環」としての本来的なミュージックセラピーのあり方を掘り下げるようにしました。

もっとも，本書には前書から引き継いでいる重要な事項も多く含まれます。たとえば，子どもの成長と音楽との関係，音楽教育の理念とミュージックセラピーとの関連などは，小児を対象とするミュージックセラピーの根幹を成す領域として，本書でも丁寧に紹介しています。また，スターンの小児発達理論やウィニコットの母子関係理論についても，ミュージックセラピーを支える理論的基盤として詳しく解説しています。本書ではこれらに加え，ビオンの精神分析理論にも言及しています。さらに本書では，新たな方向性として，音楽以外の芸術表現媒体を用いるセラピーの展開についても触れているほか，日本の文化や芸術に光をあてることによって，日本における「ミュージックセラピー」の潜在力なるものを探っています。

本書の構成は以下のとおりです。

序章では，現代のミュージックセラピーの確立と発展，および理論的基盤について，アメリカとイギリスの状況を中心に紹介しています。第1章は，リハビリテーションの観点からミュージックセラピーを概観しています。ミュージックセラピーの目標や実践形態について解説したのち，精神科領域におけるミュージックセラピーの展開やグループによるミュージックセラピーのあり方を中心に論じています。第2章は，発達の援助としてのミュージックセラピーについて述べ，子どもの心身機能の発達と音楽面の発達との関連にも触れています。第3章は，第2章の発達の援助を引き継ぐかたちで，音楽教育とミュージックセラピーの親和性について論じています。具体的には，カール・オルフの音楽教育理念を軸として，子どもの創造性を培う教育の実践と，ミュージックセラピーの志向性との共通点を探っています。

第4章は，ミュージックセラピーの実践における本質的な部分である「即興演奏」の意味について論じ，即興演奏の価値を支える理論として，スターンの小児発達理論を紹介しています。第5章は，ミュージックセラピーにおけるセラピストのあり方について，ウィニコットとビオンの母子関係理論をもとに論じています。セラピストとクライエントの音楽的交流を，母親と乳児とのノンバーバルな交流と照応することにより，クライエントの健全な人格をはぐくむセラピストの役割を明らかにします。第6章は，ミュージックセラピーを実際に展開する方法を，事例や譜例をとおして紹介しています。拍子，リズム，メロディなど音楽の要素を活用する即興演奏の進め方と，音楽的な構造をもたない音の自由な連なりを喚起する即興演奏の進め方の両方を提示しています。
　第7章は，「演奏すること・音楽をつくること（playing）」を「遊ぶこと（playing）」との関連から具体的に考察するとともに，音楽をはじめさまざまな芸術の表現形式はすべて「遊び」としてつながっていることを論じています。第8章は，日本の文化のなかに潜んでいる「遊び」の要素をとり上げて，日本人の感性には遊びごころが満ちていることを確認し，日本の文化への深い理解はミュージックセラピーを実践していく上で必要な感性そのものであることを論じます。終章では，音楽という芸術様式の特性をあらためて拾い出した上で，ミュージックセラピーの価値についてまとめています。
　医療や心理臨床に携わっておられる多方面の方がたに，音楽だけでなくさまざまな芸術の営みのなかに潜在している臨床的意義について，本書とともに考えていただけるようにと願っています。

こころをつなぐミュージックセラピー
──ことばを超える音との対話──

目　次

はじめに

序　章　ミュージックセラピーの変遷と現在 …………… 1
ミュージックセラピーの始まり　1／ミュージックセラピーの理論と実践　3／音楽的な対話としてのミュージックセラピー　5

第1章　ミュージックセラピーの概観 …………… 9
1　リハビリテーションの概念 …………… 9
リハビリテーションの意味の変遷　9／ADLからQOLへ　10
2　リハビリテーションとミュージックセラピー …………… 11
ミュージックセラピーの定義　11／ミュージックセラピーの目標　12／ミュージックセラピーの実践形態　14／音楽による対話ということ　16
3　精神科領域におけるミュージックセラピー …………… 17
精神障害に見る生き方の困難さ　17／精神科リハビリテーションとしてのミュージックセラピー　18
4　ミュージックセラピーと「グループ」 …………… 21
グループセラピーの視点　21／グループ発達のモデル　22／グループ形態によるミュージックセラピーの展開　23
5　高齢者を対象とするミュージックセラピー …………… 26
高齢者の特性から見るミュージックセラピーのねらい　26／高齢者への配慮と発展的なとり組み　27

第2章　発達期を支える音楽 …………… 29
1　プレイセラピーとミュージックセラピー …………… 30
アクスラインの遊戯療法　30／プレイセラピーとミュージックセラピーの特性　31
2　発達の援助としてのミュージックセラピーの展開 …………… 32

　　　　手指の運動機能とミュージックセラピー　*32*／認知機能とミュージックセラピー　*34*／社会的機能とミュージックセラピー　*35*／アセスメントの一環としてのミュージックセラピー　*37*

　3　子どもの成長と音楽発達 ……………………………………… *39*
　　　　音楽発達の概観　*39*／乳幼児期における，音や音楽に対する反応と積極的なかかわり　*41*／自発的な発声から音楽発達の完成へ　*45*

第3章　音楽教育とミュージックセラピー ……………… *51*

　1　カール・オルフの音楽教育 …………………………………… *51*
　　　　オルフの教育理念とその背景　*51*／『オルフ・シュールヴェルク』に見る音楽の特徴　*56*

　2　オルフのアプローチとミュージックセラピー ……………… *59*
　　　　オルフの理念に基づく教育とセラピーの実践　*59*／オルフ＝ムジークテラピィ　*61*／オルフの教育理念と楽器との関係　*64*

第4章　ミュージックセラピーにおける即興性 ……… *67*

　1　ミュージックセラピーと即興演奏 …………………………… *67*
　　　　音楽的な対話　*67*／ミュージックセラピーにおける即興演奏の意味　*70*／即興演奏の様相　*71*／即興演奏におけるパートナーシップ　*74*／即興演奏における退行　*74*／高齢者と即興演奏　*75*

　2　先達たちの即興演奏 …………………………………………… *76*
　　　　アルヴァンの「自由即興」　*76*／ノードフとロビンズの「臨床即興」　*78*

　3　スターンの小児発達理論とミュージックセラピー ………… *82*
　　　　4つの自己感　*82*／生気情動の調律とミュージックセラピー　*87*／調律現象としてのマッチング　*89*／ミュージックセラピーにおけるマッチング　*90*／ジョイントアテンション　*94*

　4　即興性の展開 …………………………………………………… *96*

即興的な会話へのつながり　96／学術誌に見る即興的なかかわりの展開　99

第5章　ミュージックセラピーを支える理論
——ウィニコットとビオン—— ……………………… 105

1　ウィニコットの理論とミュージックセラピー …………… 105
ウィニコットにおける「母親の機能」　105／「母親の機能」としてのミュージックセラピスト　108

2　「母親の機能」から生まれるもの …………………………… 110
ひとりでいられる能力　110／可能性空間，遊ぶこと，移行対象　112／「遊ぶこと」と精神療法　114／「本当の自己」と「偽りの自己」　116／「交流すること」と「交流しないこと」　118

3　ウィニコットの諸概念から見る臨床例 …………………… 119
母親の機能不全と摂食障害　120／拒食症に対するミュージックセラピーの展開　121

4　ビオンの理論とミュージックセラピー …………………… 122
ビオンの母子関係理論　122／包容機能とパーソナリティ形成　124／「精神病的パーソナリティ」と「非精神病的パーソナリティ」　125／ミュージックセラピストの包容機能　126

第6章　ミュージックセラピーの実践 …………………… 129
1　実践に先立つ要件 …………………………………………… 129
楽器の準備　129／音楽活動の展開　130

2　リズムの特性を強調した即興演奏 ………………………… 130
音のリレー（リズム送り）　130／交互奏と同時奏　132

3　メロディの要素を軸とした即興演奏 ……………………… 136
五音音階　136／四音または三音による即興演奏　138／教会旋法　138／中東風音階　141

目　次

　　4　音楽理論（楽典）の知識をともなう即興演奏 …………………………… *142*
　　　　リズム譜の制作と合奏　*142*／混合拍子による合奏　*144*／拍子の変換　*145*／リズムとメロディに関する発展的なアイデア　*147*／コード進行をもとにしたメロディの創作　*148*

　　5　特定の構造をもたない音楽の即興演奏 ………………………………… *150*
　　　　気分を語り継ぐ音のリレー　*150*／テーマ即興　*151*

　　6　オルフが提示する音楽形式をもとにした合奏 ………………………… *152*
　　　　セラピストとともに　*153*／クライエントたちによる合奏　*154*

　　7　視覚媒体を付加した即興演奏 …………………………………………… *158*
　　　　顔の絵カードと即興演奏　*158*／顔の絵制作と即興演奏　*159*／図形楽譜の制作と即興演奏　*160*

第7章　「遊ぶこと」の本質と芸術創造 ……………………………………… *163*

　　1　「遊び」の意味 ……………………………………………………………… *163*
　　　　アンリオによる「遊び」の構造　*163*／「遊び」における遊ぶ主体　*166*／「遊び」の象徴としての日本文化　*168*

　　2　「遊び」と芸術の表現様式 ………………………………………………… *169*
　　　　子どもの遊び　*169*／表現アートセラピー　*170*

　　3　ミュージックセラピーと視覚芸術 ……………………………………… *171*
　　　　ミュージックセラピーにおける「遊び」の工夫　*171*／音楽と描画の特性の融合　*174*

　　4　パウル・クレーの作品に見る「遊び」 ………………………………… *176*
　　　　画家クレーと音楽の関係　*176*／クレーの作品に見る音楽の要素　*177*

第8章　日本文化の表現性 ……………………………………………………… *181*

　　1　日本の音 …………………………………………………………………… *181*
　　　　日本の音楽における音と音色　*181*／音色とイメージの想起　*182*

2　日本語に見る音の遊び………………………………………183
　　　　　擬音語・擬態語のなかの「遊び」 183／「掛詞」と「聞き做し」
　　　　　185
　　3　日本の視覚芸術と音の関係…………………………………186
　　　　　「見做しについて」 186／「絵巻物」と日本の音楽 187
　　4　「無」,「沈黙」について………………………………………190
　　　　　創造の根源としての「無」 190／ミュージックセラピーと「沈
　　　　　黙」の世界 191

終　章　ミュージックセラピーの価値……………………195
　　　　「見えない」ことと「消える」こと 195／音楽体験の共有 197
　　　　／ミュージックセラピーの芸術性 198／セラピストが「待つ」
　　　　ことと「消える」こと 200

引用・参考文献　203
おわりに　211
索　引　213

序　章
ミュージックセラピーの変遷と現在

ミュージックセラピーの始まり

　音楽がもつ優れた治癒効果については，古くから多くの言い伝えがあります。一例を挙げれば，旧約聖書の『サムエル記・上』16章23節には，「ダビデが傍で竪琴を奏でると，サウルのこころが安まって気分が良くなり，悪霊は彼を離れた」と記されています。また，世界各地の先住民族の呪術的な儀式にともなう音楽は，病気の治癒のみならず，集まる人びとの意識を統一させる機能も果たしていました。

　このような音楽の使われ方は，かたちを変えて現代の私たちの生活にも存在しています。たとえば，宗教上の儀式やさまざまな祭典は，ほとんどつねに音楽とともに進行します。音楽と人間とのこのような古くからのかかわりについては他書にゆずり（たとえば，Alvin, 1975, Davis, Gfeller & Thaut, 1992など），ここでは歴史を一気に駆け抜けて，20世紀以降に展開される近代のミュージックセラピーに焦点をあて，音楽が私たちのこころや身体の健康に果たしてきた役割について概観します。

　現代のミュージックセラピー界の先駆けであるアメリカでは，とくに第二次世界大戦が終わったころから，音楽を臨床にとり入れることが着目されました。帰還兵たちの多くは，身体のみならず精神的にも大きな傷を負っていたために，社会に復帰して円滑な生活が送れるようになるまでのあいだ，病院に収容される必要がありました。そこで彼らのケアのために音楽を活用することが提案されたのです。音楽活動が無理なく採用されたのは，2つの理由によります。ひとつは，音楽に対する親近性，すなわち，誰もが幼いときから何らかのかたちで楽しんできたであろう音楽なら，帰還兵たちも抵抗なく受けいれてくれるは

ずだという見通し，そしてもうひとつは利便性，つまり，音楽活動を集団で行えば一度に何人もの患者に対応できるというきわめて現実的な事情でした。このようなことから，病院に招かれた演奏家や音楽教師たちは，帰還兵たちに楽器を演奏することや歌をうたうことを奨励しました。彼らは，音楽に触れるこのような機会をもつことをとおして，身体の機能を回復する動機づけをあたえられたのみならず，従来の医療を受けるだけでは得られなかったであろうこころの快復を音楽に委ねていくことができました。ここに，リハビリテーションとしてのミュージックセラピーの始まりを見ることができます。

　以上のような状況に先立ち，アメリカでは，今日のミュージックセラピーの基礎となる研究は，すでに19世紀後半には近代医学と結びついて芽を伸ばしつつありました。医療に音楽を導入する有用性を説いた論文が医学雑誌や新聞にしばしば掲載され始めたのもこのころです。さらに20世紀初頭には，医師や看護師，あるいは音楽家たちが，心身の機能回復に対する音楽の効果をそれぞれの持ち場で実証し，その事例を学会や講演会で公表していました。また，病気の治癒と音楽の関連についての講義を始める大学もありました（Davis, Gfeller & Thaut, 1992）。このような動きののち，アメリカ各地の大学で，ミュージックセラピーを医療の一環と位置づけるための研究や，ミュージックセラピストの養成が始まりました。1944年には，ミシガン州立大学にはじめてミュージックセラピーの学部カリキュラムが設定され，ついで，1946年にはカンザス大学が研究のための大学院課程を創設しました。

　さて，20世紀の半ば，アメリカと時をほぼ同じくして，イギリスでもミュージックセラピーが開花し始めていました。特筆すべきは，ジュリエット・アルヴァン（Alvin, J.）の存在です。アルヴァンは，パブロ・カザルス（Casals, P.）[1]を師とするプロのチェリストでした。彼女は演奏家としてステージに立つ一方で，障害をもつ子どものための施設や病院に出向いて演奏することも積極的に行っていました。大声をあげて喜ぶ子ども，アルヴァンの弾くチェロにそっと

---

(1) Casals, P. (1876-1973)：スペインのカタルーニャ出身のチェロ演奏家，指揮者，作曲家。

さわりに来る子ども，音楽にあわせて身体を揺すりながら興奮気味に鑑賞する大人たちなど，アルヴァンの演奏に聴き入る人はみな，それぞれ自分なりのやり方で音楽に反応しました。アルヴァンもまた，彼女自身の気持ちを聴き手に返すように，チェロの音でひとりひとりに応えていきました。「音楽をとおした人と人とのかかわり」というミュージックセラピーの基本は，まさにこのようなアルヴァンの活動のなかで培われていきました。アルヴァンはまた，英国音楽療法協会（British Society for Music Therapy：BSMT）を1958年に設立して[2]自ら初代会長となり，その10年後にはロンドンのギルドホール音楽院にセラピストの養成課程を創設するなど，イギリスにおけるミュージックセラピーの先駆者として多大な貢献をしました。

ミュージックセラピーの理論と実践

　ミュージックセラピーにはいくつかの理論的基盤や実践手法があります。20世紀初頭に発表された論文や研究報告の多くは，音楽を鑑賞することによる生理学的変化について論じたもので，それらは，医学や心理学の分野において，音楽の役割が認知されるための貴重なきっかけとなりました。またこのような研究は，行動理論に基づくミュージックセラピーの土台を形成しました。

　行動理論に基づくミュージックセラピーでは，音楽は，望ましい行動を喚起し，維持するために，あるいは不適切な行動を減少させるために活用されます。すなわち，焦点があたるのは，音楽の導入によって変化する行動であり，音楽は行動がより適応的なものとなるための強化子とみなされます。また，行動の変化は一般に数量化してあらわされます。たとえば，ある子どもの社会性がいかに向上したかを証明する場合，社会性という概念を，子どもがセラピストと視線をあわせてうたう頻度や楽器の手渡しの回数といった，観察可能ないくつかの行動項目に置き換えることによって操作化し，それらの量的変化を測定し

---

[2] BSMTは，2011年に英国職業音楽療法士協会（Association of Professional Music Therapists：APMT）と統合し，イギリスにおけるミュージックセラピーの統一組織 British Association for Music Therapy（BAMT）となって現在に至っている。

ます。このような方法でミュージックセラピーが実施される際には，一般に，そこで使われる音楽自体の意味や価値についてはとくに言及されません。しかしこうした行動療法的なアプローチは，ミュージックセラピーが広く社会に認知されることに貢献したとともに，根拠に基づく治療（EBM：Evidence-Based Medicine）が求められる臨床現場のニーズに適うものとして，現在も広く採用されています。

　行動理論に依拠したミュージックセラピーが進んでいく一方で，治療空間のなかで展開される音楽そのものの意義や，音楽が人間の内面におよぼす影響について検討することこそ重要であるという機運が起こり，人間性心理学に基づくミュージックセラピーの実践や研究が台頭してきました。人間性心理学はとくに，イギリスにおいてミュージックセラピーが発展し始めた時期の理論的基盤となりました（Bunt, 1994）。

　人間性心理学によるアプローチの目標は，クライエントがセラピストとの信頼関係のもとに成功体験を積み重ね，自己尊重の感覚を獲得することにあります。セラピストは，共感的，非審判的にクライエントと交流することを通じて，たがいを尊重しあう人間関係をはぐくみます。クライエントは，その安定した人間関係のなかで，自立した個人として生きる意味について模索します。クライエントが子どもである場合も，セラピストは子どもを統合的なひとりの人間として接し，子どもが自己を見つめ，自分の真の気持ちと接触することをうながしていきます。このアプローチはまた，アルヴァンやノードフ（Nordoff, P.）とロビンズ（Robbins, C.）によって始められた即興演奏の意義を説明するのに適っており，今日もミュージックセラピーの多くの事例研究を支えています。

　さらなる動向として，精神分析の理論を適用したミュージックセラピーの実践や研究があります。精神分析は，被分析者としてのクライエントが分析者の助けを借りて，抑圧されている葛藤に向きあいながら自我の再構築をめざすとり組みです。精神分析の諸理論に基づくミュージックセラピーでは，音楽は自己受容や自己洞察のためのよりどころとなると考えられています。しかし，実際には活発な言語交流をともなって進展するため，対象者の選択は比較的かぎ

られます。加えて，このアプローチは，精神分析についての深い知識や訓練がミュージックセラピストに必要であることから，実施されるケースはそう多くありません。この分野の先駆者として，イギリスのプリストリー（Pristley, M.）の名を挙げることができます。プリストリーは，精神分析の創始者であるフロイト（Freud, S.）の理論に基づいて分析的ミュージックセラピー（Analytic Music Therapy）を推進し，抑圧された感情を意識化するためのひとつの水路として，楽器の音を積極的に活用しました（Pristley, 1975）。

　現在，イギリスを中心に，いわゆる二者モデルの精神分析理論を適用したミュージックセラピーが盛んになっています。これは，セラピストとクライエントの関係性のダイナミクスと，音楽の意味や価値とを関連的に追求する視点をもつものです。フロイトに由来する伝統的な精神分析では，分析者は不動の中立的な位置を保持して，被分析者の心的状況を変容させることをめざします。それに対して二者モデルでは，分析する者と分析される者は，たがいに影響をおよぼしあいながらともに変化していくひとつのユニットとみなされます。ウィニコット（Winnicott, D. W.）やビオン（Bion, W.）の母子関係に関する理論は，子どもの発達過程において母子がともに変化していくことに焦点をあてる二者モデルの精神分析理論です。乳児と母親が情緒を交流させることによって内的世界を共有する仕方と，セラピストとクライエントが音楽を通じて建設的なセラピー関係を築く過程とのあいだには，多くの共通点を見出すことができます。二者モデルの理論はまた，クライエントとセラピストが協働して音楽をつくる意味を探求する導き手ともなります。本書も，このようなイギリスの時流をふまえ，二者モデルの精神分析理論を中心にミュージックセラピーのあり方を考察します。

音楽的な対話としてのミュージックセラピー

　ミュージックセラピーにおける音楽は，まず人と人とを結ぶ媒体として機能します。私たちが日常においてたがいを理解しようとするときにことばを用いるのと同様に，ミュージックセラピーのなかでは，音楽を通じてコミュニケー

ションを深めていく，つまり，音楽にことばの役割を担わせるのです。しかし，音楽といえば，既存の音楽作品を想定してしまいがちです。ミュージックセラピーにあらわれる音楽は「音の連なり」というほうが正しいと思われます。すなわち，ミュージックセラピーの「ミュージック」は，一般的な意味での「音楽」とイコールではありません。構造や形式が整っていない「音の連なり」は，れっきとした「ミュージック」です。聞きづらい音もかすかなため息も，人と人とのあいだを行き交い，人と人とのあいだに響きあう音であるかぎり，それらは「ミュージック」と呼ばれるだけの価値をもつのです。ミュージックセラピーは，セラピストとクライエント，あるいはクライエント同士が，たがいに「ミュージック」を紡いでいくことによって進行します。本書において，「音楽療法」という呼称を用いず，一貫して「ミュージックセラピー（Music Therapy)」と英語読みのまま表現しているのは，この理由によります。

　ミュージックセラピーは，音にこめられた感情や意志の表出に注目します。セラピストは，クライエントの内面からあらわれる情緒の表象としての音を待ち，それらを受けとめ，クライエントのこころが開かれていく状況を支えます。ミュージックセラピーの意義は，音や音楽が，ことばと並ぶ，あるいはことばに代わる，さらにはことばを超えるコミュニケーションの媒体となる時空間をつくることにあります。アメリカにおけるミュージックセラピーの学問的基盤を築いた教育学者ガストン（Gaston, E. T.）は，「もしわたしたちが音楽で伝えることができるものをすべてことばで伝えることができるなら，音楽は存在しないだろうし，また音楽を必要ともしないだろう」と述べています（Gaston, 1968）。音のやりとりは，ことばを交わすときのように明確な意味を伝えることはできません。しかし私たちは，ことばではあらわしえない感情や思いを音に込めることができます。言語能力を機能させることが困難な人びとや，自己の感情を言語化することに不安をもつ人びとにとって，音や音楽すなわち「ミュージック」は，ことばと同じかそれ以上の「語彙力」をもつのです。音や音楽がもつ表現の力を活用し，セラピストとクライエントが音楽的な対話を発展させること，これがミュージックセラピーの基本的な姿勢です。音楽的な対話

序　章　ミュージックセラピーの変遷と現在

は，人びとの生(せい)を支える営みそのものであるとともに，言語交流のエチュード〈習作／練習曲〉でもあります。

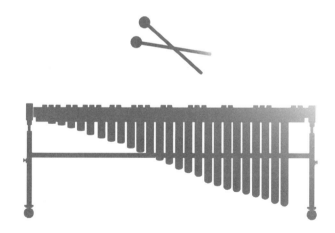

第1章
ミュージックセラピーの概観

　序章で述べたように，アメリカにおけるミュージックセラピーは，第二次世界大戦時の帰還兵たちへの音楽的対応が大きな契機となり，リハビリテーションの一形態として認知されるようになりました。今日のミュージックセラピーは，リハビリテーションのみならず発達の援助の領域も含み，小児から高齢者まで広い年齢層の，そしてさまざまな病気や障害をもつ人びとを対象としています。

1　リハビリテーションの概念

リハビリテーションの意味の変遷

　「リハビリテーション」という用語の概念は，「人を援助すること」の社会的意味あいが時代の流れとともに変わってきたことと軌を一にして変容しています。以下，上田敏（1983）の言説をまとめながら，リハビリテーションが意味するところの移り変わりを見ていきます。

　20世紀初頭，リハビリテーションという表現は「犯罪者の更生」の意味で用いられていました。現在のリハビリテーションの概念にも更生や社会復帰の意味が含まれているのは，その名残といえます。しかし，1910年代末から20年代にかけて，リハビリテーションの呼称は，医学の分野で使われるようになり，さらには障害をもつ人びとへの支援に関しても適用されるようになりました。当時のアメリカやイギリスにおいて，一部の先駆的な人びとから，障害をもつ人のための医療・福祉活動のことを統合的にリハビリテーションと称することが提唱されたのです。また1942年には，アメリカの全国リハビリテーション評

議会が,「リハビリテーションとは,障害を受けたものを彼のなしうる最大の身体的・精神的・社会的・職業的・経済的な能力を有するまでに回復させることである」という定義を採択しました。この定義に見るとおり,すでにこの時点で,リハビリテーションという用語には,身体機能の回復を目的とするだけではなく,障害をもつ人びとを全人的にとらえ,人びとがふたたび人間らしく生きることができるように総合的な援助をする意味が備わっています。

　能力や権利の回復への援助という点から見ると,リハビリテーションは,医学的リハビリテーション,社会的・職業的リハビリテーション,教育的リハビリテーションの各側面からとらえることができます。

　医学的リハビリテーションは,生体としての障害にかかわる領域で,身体的・精神的不自由さからの回復を援助します。社会的・職業的リハビリテーションは,家庭や職場での生活の支援や,経済的な不自由さからの回復に関連する援助です。教育的リハビリテーションは,個人の価値観や思想における不自由さからの復権を援助する領域です。以上のいずれの側面においても,個人の不自由さを和らげつつ,生きる力を最大限に引き出すという基本的な方向性は共通しています。

　なお,上に述べてきた「障害」には,「機能・形態障害（impairment）」,「能力障害（disability）」,「社会的不利（handicap）」,の3つの階層があります。「機能・形態障害」は,文字どおり身体の機能あるいは形態のレベルにおける障害です。「能力障害」は,機能や形態に障害がなければ通常行うことができる行為を,実用性をもって行うことが制約される障害を指します。「社会的不利」とは,個人が社会生活を営む上で被る不利益のことで,「機能・形態障害」や「能力障害」があるゆえに,保障されるべき基本的人権の行使が制約されたり妨げられたりして,正当な社会的役割を果たすことができない状況を意味します。

ADLからQOLへ

　先の定義が示すとおり,リハビリテーションとは,障害をもつ人びとが人間

としての権利を回復し，自らの生き方を選びとる過程にかかわる援助のことです。したがって，機能や能力の障害を軽減することを図るだけでなく，障害をもつ人びとの社会的不利を理解し，個人の生活意識や価値観を視野に入れたはたらきかけをしてこそ，真のリハビリテーションとなるのです。

言い換えると，リハビリテーションの概念は，ADL（Activities of Daily Living: 日常生活動作）の向上をめざすにとどまらず，個人の生命の尊厳や精神的充足，人間相互の尊重を重視する QOL（Quality of Life）の向上をも包含しています。QOL は「いのちの質」あるいは「生き方の質」と解釈するのがふさわしいと思われます。

リハビリテーションに携わる職種の代表であり，従来は ADL を主眼としてきた作業療法の分野でも，今日では QOL の向上に重点を置いています。たとえば，「作業療法は（中略）その手段としては，人間を内面から活性化させる，〈脳と手〉の連携豊かな活動や作業を用いる。そして人間の本能とする創造性，表現性を引き出し育てて，個人や社会生活における自己実現を通して人生の価値観や幸福感を得ることをめざすものである」（矢谷，1991）という矢谷の言及や，「作業療法は，医療分野での専門と成果を確立する一方で，地域・保健・福祉あるいは維持期のリハビリテーション，さらに地域における暮らしのQOL を高めるための活動で成果を現し，活躍する分野を一層拡張していくことになる」（生田，1996）という生田による論述が，作業療法の方向性を明確にあらわしています。

2 リハビリテーションとミュージックセラピー

ミュージックセラピーの定義

さまざまな障害と向きあうリハビリテーションは，一般に，複数の職種の専門家，すなわち学際チームによる多角的なアプローチを必要とします。チームの構成メンバーには，医師，看護師，理学療法士，作業療法士，言語聴覚士，臨床心理士，ソーシャルワーカー，教育家などが含まれ，それぞれが専門的な

見地から意見を出しつつ、統合的な援助を行います。そして近年、世界的な傾向として、このような援助のあり方に、音楽、絵画のほか、陶芸などの立体造形、演劇、舞踊といった芸術活動を適用するセラピーの視点が加わり始めるようになりました。芸術における創造的な営みは、リハビリテーションがめざす方向性を潜在的に有しています。以下に見るように、ミュージックセラピーは、その定義のなかにリハビリテーションの用語や概念を含んでいます。

　アルヴァン（Alvin, J.）は、ミュージックセラピーについて「身体的、精神的、情緒的な失調のある子どもや大人の治療、リハビリテーション、教育、訓練において、音楽を統制的に活用する」ものであると述べています。ここで言及されているリハビリテーションは、身体的・精神的機能の回復にかかわる援助といった限定的な意味をもつと考えられます。またこの定義の和訳にあたり、櫻林はリハビリテーションに「復帰」の語を充てています（Alvin, 1975）。これは当時のリハビリテーションに対する一般的な認識を反映しているといえます。

　一方、アルヴァンのもとで学んだバント（Bunt, L.）は、ミュージックセラピーは「クライエントとセラピストとのあいだの発展的な関係のなかで音と音楽を活用するものであり、クライエントの身体的、精神的、社会的、感情的充足を支持、促進することを目的とする」と定義しています（Bunt, 1994, 訳書, p. 9）。アルヴァンの時代から約30年を経たこの定義には、治療やリハビリテーションといった語句は見あたりません。しかし、音や音楽によって対象者の身体やこころの多様な状況を支えるという表明には、今日のリハビリテーションの概念が統括的に包含されています。

ミュージックセラピーの目標

　リハビリテーションおよび発達の援助の領域に共通して掲げるミュージックセラピーの目標として、以下のような項目があります。これらは状況に応じていくつか組みあわされることにより、クライエントの個別的なニーズを反映する目標となります。アメリカのミュージックセラピー協会は、ミュージックセラピーの目的を「ひとりひとりが自己の最適レベル（optimal level）の機能を獲

得し維持できるよう援助することである」と提唱しています（Bunt, 1994）。対象者の病気や障害をじゅうぶんに認識した上で，なおかつそれらの診断名を超えてクライエントの真のニーズを見極めた対応をすることが，ミュージックセラピーには求められるのです。

• 身体機能の回復と向上

手足の動きに関係する能力（粗大運動能力：gross motor skills）や，手指の動きに関係する能力（微細運動能力：fine motor skills）の回復や向上をめざします。たとえば，前者においては，ドラムなどの大きな打楽器を安定した腕の動きで演奏すること，後者では，フィンガーシンバル[1]やトライアングルなど，両手の協応動作が必要な小さな楽器を演奏することにより，それぞれの運動機能の向上が期待できます。また，発声する，あるいは歌をうたうことを通じて，呼吸機能の改善や強化を図ります。

• 感覚・知覚機能の回復と向上

音色，音の高低や強弱，音源の方向などを聞き分けることによって，環境に対する注意力を養います。また，金属や木など，楽器の素材に意識を向けて演奏することをとおして，聴覚・視覚・触覚を連合させる機能の向上をめざします。

• 認知機能の回復と向上

注意力，集中力，記憶力，判断力などにかかわる能力の回復や向上をめざします。とくに幼年期では，就学前技能として，文字，数，ものの名前の習得に音楽を活用します。伝承歌やわらべ歌に見られる数え歌やことば遊びの歌は，算数や国語の基礎となる力の習得に貢献するとともに，集中力や記憶力をはぐくみます。さらには，音楽の構造や形式がもつ規則性に気づくことをとおして，時間のまとまり感覚を習得し，未知のできごとを予測する力を育てることができます。

• コミュニケーション能力の獲得

---

[1] フィンガーシンバル：指に付けて鳴らす直径5センチほどの小型のシンバル。通常2枚1組で打ち鳴らすように使う。

話しことばにメロディを付加すると発話が容易になることは，脳機能の連合作用としてよく知られています。英語圏では，メロディック・イントネーション・セラピー（Melodic Intonation Therapy：MIT）と称する音楽の活用法があります。メロディック・イントネーション・セラピーは，ひとつのセンテンス（文）を，その抑揚を誇張するようなメロディに乗せてうたう練習から始め，うたうことが習得されれば，メロディの高低を徐々に削ぎ落としながらくり返しセンテンスを唱えて，最終的には話しことばの自然な抑揚に収めるという手法です。また，コミュニケーション能力は言語にかかわるものだけではありません。音のやりとりをはじめとして，身ぶりや表情などさまざまな非言語手段による交流の有効性を，音楽活動のなかで確認します。

・社会性の発達

　グループセッションは，他者への共感や寛容の姿勢を促進するとともに，周囲の状況に対する適応力を高めます。また，グループによる活動は，グループメンバーが交代でリーダーシップを発揮したり，社会の秩序について学んだりする機会も提供します。グループセッションの展開とその重要性については後述します。

・情緒の安定と心理的な充足

　音のやりとりをとおして，ことばではあらわしがたい快の感情を相手に伝える方法を発見したり，反対に，怒りや欲求不満などの感情を，相手に受けとめられるかたちで表現したりすることをうながします。また，とくに高齢の人びとにおいては，なじみのある音楽に接することにより，個人の自尊感情や，文化や社会への帰属意識を高めます。一方，即興演奏などの新しい音楽体験の機会を提供することは，好奇心や充足感を喚起し，QOLの向上に貢献します。また近年は，緩和ケアの一環として音楽が導入される場面も増えています。

ミュージックセラピーの実践形態

　ミュージックセラピーの実践における特徴はおおよそ以下のようにまとめられます。

第1に，ミュージックセラピーは，セラピストとクライエントが1対1で向きあう個別セッション，もしくは，ひとりのセラピストと少人数のクライエントで構成するグループセッションの形態をとります。ただし，第4章で紹介するノードフ・ロビンズアプローチのように，ふたりのセラピストを擁して実施されるセラピーも特例的にあります。グループを形成するクライエントの人数は，通常，2名から8名程度までです。クライエントの数がこれ以上多くなると，セラピストはクライエントを「個」として対応することが困難になり，クライエントひとりひとりとの交流が希薄になるからです。さらには，クライエント同士の相互作用も限られたものになります。

グループセッションでは，セラピストとクライエントは向きあって座らず，全員で同じひとつの輪をつくるように位置します。椅子もテーブルも置かない床の上に座って，皆でたくさんの楽器をとり囲む配置型は，音楽や会話が自然に生まれる最良のセッティングです。アルヴァンはつぎのように描写しています。

　　楽器は，それが円陣の真中に置かれると，集団の統一のために比較的有効に貢献するものである。それは結合の焦点として役立っている。生き生きとした共同社会のかがり火を取り巻く部族の集まりに似た状況で，家庭的な感情を小集団に与えることさえできるであろう。(Alvin, 1975, 訳書, p. 148)

第2に，ミュージックセラピーでは，クライエントは，障害の程度や年齢のいかんにかかわらず，ひとりひとりが個性と人格を備えた個人として尊重されます。また，クライエントとセラピストは，協同で音楽をつくるという点においては対等の立場にあります。クライエントの音楽的な表現やアイデアはすべて受容されます。セラピストは，セラピスト自身の音楽能力によってセラピーの場を圧倒したり支配したりせず，受けいれたクライエントの音にセラピスト自身の音楽的アイデアを加えてクライエントに返していきます。そこでは，セラピストの柔軟な音楽的技量が求められます。このやりとりを，ミュージック

セラピーでは「即興演奏」と称していますが，その詳細については第4章で述べます。

アルヴァンは，自閉症の子どもたちとのかかわり方についてつぎのように叙述しています。

> 私は，子どもが楽器を演奏する時に，音楽家として仲間入りするのが好きである。たとえば，子どもが気まぐれな，あるいは，まとまりのない即興演奏をしている時，私は，基礎になる和音や通奏低音を加えたりする。そうやって，彼の音楽にないものをつけ加えるのである。ことばに頼らないで，音楽を通して共同作業をしているのだといってもよい。これは，ことばよりもずっと子どもを力づける。(Alvin, 1978, 訳書, p. 48)

音楽による対話ということ

情緒障害や自閉性障害をもつ子どもたちは，他者には受けいれられにくいかたちで感情を表出したり混乱した行動を示すことがあります。こうした状態は，周囲の環境になじめないことから起こる孤立感や，周囲の状況に対する理解が困難なことから起こる欲求不満が具体的な行動となって表出したものと考えられます。大人のクライエントのなかにも，自分の率直な感情や内面にある苦しみを適切にことばで語ることができず，歪曲した表現や行動によってしか感情をあらわすことのできない人びとがいます。たとえば，ひきこもりや強迫行動や儀式的行動などがその例です。ミュージックセラピストは，このようなクライエントたちに対して行動を修正する方策を講じる前に，まず行動の奥に潜んでいる苦しみや悲しみを共有することを始めます。このような状況において，音を介した非言語的なかかわりを開始することができれば，クライエントは孤立感や欲求不満から少しずつ解き放たれていきます。

音楽的な対話を発展させるためにもっとも必要なことは，不安を呼び起こさないような，また威圧感のない空間をクライエントに保障することです。クライエントは，自分が発するどんな乱暴な音や声も，セラピストに包容力をもっ

て受けとめられる経験をすると，周囲の環境が安心できるものであることを了解します。そうすると，セラピストの反応に注意を払いながら，徐々に抑制のきいた音をやりとりできるようになります。その途中の段階で，クライエントは，自分がほんとうに受容されているかどうかを試すために，故意に破壊的な音を発したり，反対に，音を出すことを拒否したりすることがありますが，そのようなときも，セラピストはクライエントを見守る姿勢を一貫して示します。クライエントの音や態度を受けいれた気持ちを音で返すことができれば，クライエントの音もさらに抑制された性質のものへと変わっていきます。抑制の効いた音は洗練した感情表現へと発展します。感情の直接的な表出を統制できるようになると，忍耐力が生まれます。また，感情が個人の内面でさらに洗練されて論理的な性質をおびると，感情は意志となります。これらのことは，言語コミュニケーション能力の発達や社会性の向上といった具体的な目標へと移行することを容易にします。ここに，治療の諸目標と音楽的な対話が合流するのです。

ミュージックセラピーでは，セラピストはひとつひとつの状況について最適な音楽活動のあり方を考えます。年齢や障害の種類などに応じて展開するマニュアル的な方法はありません。ミュージックセラピーは，個々のクライエントの病気や障害にはたらきかける側面と，セラピストとクライエントが音を紡ぎあうことで「対話」しながらオリジナルな音楽をつくる創造的な側面とがたえず同期的に生起するユニークな治療分野です。

3 精神科領域におけるミュージックセラピー

精神障害に見る生き方の困難さ

　精神障害をもつ人びとは，それぞれ固有の精神症状のために日常生活に不安を感じるだけではなく，身体的な苦痛をともなったり，不自由な思考や行動から生じる自己のあいまいさの感覚をもつことも余儀なくされています。たとえば，統合失調症では，幻覚や妄想などの現実歪曲症状，思考や行動の統合が障

害される不統合症状，思考や行動が貧困化する貧困症状，の3つの症状が見られます（丹波，1999）。そしてこのような症状のために，統合失調症においては，人やものに対する注意やはたらきかけが希薄になり，日常のできごとに対して無関心や無感動の状況に陥ったり，現実と非現実の区別のつきにくいことが起こったりします。また，身のまわりで起こっていることを情動的に感じていても，それを言語的，非言語的に他者にうまく伝えて双方向の対人関係に発展させることがむずかしくなります（Watts & Bennett, 1983）。このような対人関係の困難さは，自己像の確立にも影を落としています。

精神科リハビリテーションとしてのミュージックセラピー

ワッツ（Watts, F. N.）とベネット（Bennett, D. H.）は，身体的な障害をもつことと精神的な障害をもつことにおける困難のちがいについて，また精神科リハビリテーションについて，つぎのように論述しています。

> 精神障害者は対人的な環境の中での社会的な役割の遂行（role performance）に困難さがあり，一方，身体障害者には物理的な環境の中での，ひとつひとつの課題の遂行（task performance）に困難さがある。もちろん，課題の遂行と役割の遂行とは幾分オーバーラップする。しかしそれらを区別することは精神科リハビリテーションの目標を明確化する上で欠かせない。
> （Watts & Bennett, 1983, 訳書, p. 88）

社会のなかで生きるということは，他者や環境との関係において，相互作用の連鎖を形成していくことにほかなりません。相互作用を維持するためには，他者や環境とのあいだに生じる摩擦や，自己の内部に生じる葛藤に対処する力が必要です。とくに統合失調にある人びとは，脆弱な自我のゆえにそうした摩擦や葛藤に耐えることが困難であり，加えて，環境に適応する柔軟性も希薄であるため，相互作用の連鎖のなかに身を置くことを避けようとします。昼田は，統合失調症の人びとは，情緒的な刺激から遠ざかり，対人交流の範囲や関心を

狭め，自己の判断に固執し，形式にこだわり杓子定規になるなどの行動特性をもち，それらは自らを破綻から守る防衛機制の反映であると述べています（昼田，1989）。自己防衛がさらに進むと，彼らは自らに患者としての生き方を課すことがあります。そして，対人関係の軋轢を避けて自らを守るために，「仮性適応」や「同調過剰」を示します（中谷，1987）。これは人間が個別的な生き方を実現する方向とは正反対です。尾崎は，本来の自己に対する否定や疎外に徹しようとする生活様式を「自己の透明化」と称しています（尾崎，1992）。

このような人びとは，明確な自己像を再構築し，他者との関係において確固とした自己を維持できるようになると，社会的不利をこうむることを自らの力で回避することができるでしょう。さらにいえば，たとえばこうした状況で，先に見た音楽的な対話を図ることは，他者との適度な距離を保ちながら対人交流を円滑に遂行することや，他者との関係のなかで自己評価を高めることに寄与すると考えられます。

精神障害をもつ人びととのさまざまな困難にはたらきかけるミュージックセラピーがめざすところは，第1に，安全な環境のなかで心的交流を促進すること，第2に，クライエントが自己評価を高め，主体的な社会生活を送る準備をするための支援をすること，第3に，不測の事態に対するこころの構えをつくること，の3点にまとめられます。

まず，安全な環境のなかで心的交流を促進するためには，対人関係への手がかりを自分の歩調で模索する時間をクライエントに保障し，人の輪に入っていけるよう励ましていく必要があります。精神障害の人びとは，危機状態から自己を守るために，自分なりの方策を維持することによって，暫定的なこころの均衡を保っています。中谷は，統合失調症の人は適切な距離をとって「適当に息抜きをしながら」社会参加することができないがために，仮性適応や同調過剰といった様相を示すことを指摘しています（中谷，1987）。一方，神田橋と荒木は，統合失調を呈する人びとは，「自閉（拒否）能力」を発達させることによって有害な刺激から自己を遠ざけ，心理的距離を保つことで危機状況を回避すると言及しています。そして，患者の「自閉」が安定すると，患者の姿はむ

しろ「柔らかで親しみやすい」ものとなるといいます（神田橋・荒木，1976）。音楽活動は，息抜きのできる適度な休息をも提供しながら，自由で創造的な広がりをともなった安心感のある相互作用を展開することをめざします。

　つぎに，クライエントが自己評価を高め，主体的な社会生活を送る準備をするための支援に関して，ミュージックセラピーは，クライエントを病人とはみなさず，対等な個人として尊重することを前提としています。音楽をつくり出すプロセスでは，セラピストとクライエントは対等の立場となります。さらにそこでは，クライエントが自分の力不足を感じることや，失敗という体験をすることはありません。音楽をつくることに正解やまちがいは無いからです。このような状況のなかで，クライエントは音楽に貢献する自己を正当に評価していきます。それは，精神障害の人びとがもつ，救われなさの感覚から自らを脱出させることでもあります。とくに，うつ傾向のある人は，自己の能力を全面的に過小評価し，成功よりも失敗に対する反応に敏感です。ワッツとベネットは，失敗に対する過度の意気消沈は，新鮮な達成感によって相殺されなければならないと述べています（Watts & Bennett, 1983）。

　さらに，社会生活を円滑に営むためには，近い未来に起こることへのこころの準備というものが必要です。それが上に述べた第3の点です。具体的には，他人の反応や期待，あるいは自分自身の行動の結果を正しく予測することといえるでしょう。他者の行動を予測するためには，他者の視点や立場に立った思考力を要します。また自分自身の行動の結果を予測するためには，想像力をはたらかせなければなりません。ミュージックセラピーでは，こうした認知にかかわる能力をはぐくむことが可能です。たとえば，セラピストとクライエントが相互に音をやりとりしながら安定したリズムのある音楽をつくるプロセスでは，両者がたがいの反応を予測しながら自分のアクションを即時に計画し，実行します。そして，他者の期待と自分の反応とが交互に作用することにより，音楽の流れに「乗る」ことができます。ミュージックセラピー特有の時空間のなかで，非言語的な相互交流の体験をじゅうぶんに行うことは，言語の世界に自己を解き放つための準備ともなります。

4 ミュージックセラピーと「グループ」

グループセラピーの視点

　とくに精神科のリハビリテーションにおいては，クライエントがより高い社会適応力を備えることを支援する方策として，ミュージックセラピーをグループセラピー（集団療法）の形式とその治療的な視点をもって展開することが有効です。プラック（Plach, T.）は，音楽や音楽活動に対するグループメンバーの共通した感情，思考，行動の反応が把握されることによって，グループを治療的に展開することができるとしています（Plach, 1980）。さらに，ひとりのグループメンバーが音楽をとおして感情を表出することによって別のグループメンバーの感情レベルへのはたらきかけが起こり，その連鎖によってグループは成熟していくとも述べています。

　ミュージックセラピーにおいて，クライエントが仲間たちとともに音を重ねたりつないだりする音楽活動は，たとえば音の調和あるいは不調和といった具体的な事象を通じて自己や他者に気づくことを可能にし，同時に，自らのアイデアや行為を他者との関係において即時に調整することを彼らに要請します。また，自発的な意思決定の能力や，いわゆる「他者の視点をとる能力」[2]が養われるにしたがって，クライエントたちは良好な対人関係を構築するとともに，グループのなかで社会適応のためのリハーサルを重ねていくことができます。ガストン（Gaston, E. T.）は，「音楽というものは，グループの状況において，その潜在力をもっとも発揮する」と述べています（Gaston, 1968）。

　グループの特性をミュージックセラピーに効果的に生かすには，まず，グループというものの概念やグループの発達について理解することが必要です。「グループ」は，それ自体がひとつの人格を有しているかのような，動的な実体です。グループの様相は，グループを構成するメンバーの個性の総和ではあ

---

[2] アメリカの社会心理学者ジョージ・ハーバード・ミード（Mead, G. H., 1863-1931）による概念（Mead, 1934）。

りません。あるときは，特定のひとりのメンバーの個性を代表し，別のときには，どのメンバーの特性も反映しない独自の個性をもった「生き物」として機能することさえあります。

デラマター（DeLamater, J.）は，健全なグループの特性を，①グループメンバー間に相互作用があること，②他者としての相互認識と，共有概念としてのグループ規範が発展すること，③情緒的なきずなが発達すること，④目標の達成に向かって相互信頼と各人の役割が発展すること，つまり健全な人的構造が出現すること，の4点にまとめています（DeLamater, 1974）。

グループ発達のモデル

ハートフォード（Hartford, M. E.）は，ソーシャルワークにおけるグループの発達モデルとして，「前グループ期」，「グループ形成期」，「統合—解体—再統合期」，「グループ機能期および維持期」，「終結期」という5段階を提示しています（Hartford, 1971）。

「前グループ期」は，グループとして成立するための諸要素がまだ整っていない段階です。この時期は，メンバー間の交わりが希薄で，平行線的な行動が多く見られるのが特徴です。言語的なかかわりあいをもつことがあったとしても，たとえば，質問をするだけで相手の答えには関心を寄せない，あるいは，他者の反応や意見に注意を払わず，一方的に自分の考えや自分自身について語る，などの状況になりがちです。しかし，この時期にあらわれるメンバー間の私的な会話やしぐさの交換のなかに，メンバー個々のニーズや関心，能力を見出すことができます。グループを率いる人が，メンバー間で共有できる話題を提供して交流をうながせば，グループの準拠枠（frame of reference）の構築を導くことができます。

「グループ形成期」は，グループの準拠枠が完成し，相互作用が活発化し始める時期です。グループは，「われわれ意識（we-ness）」のめばえた統合体へと徐々に進展します。しかし，そのプロセスのなかで，メンバー間の葛藤やグループ作業に対する反発などが生じることがあります。そのとき，グループは

一時的に解体の様相を呈しますが，グループを率いる人の調整的なはたらきかけや，メンバー間のさらなる相互作用によって，ふたたび統合の道を歩み始めます。グループはこのようにして，第3段階の「統合―解体―再統合期」に移ります。相互信頼や相互尊重が生まれ，情緒的交流の量と質のいずれもが変化することにより，グループに独自の規範が確立されるのはこのころです。

グループの規範に基づいた行動が自発的に生まれ，グループのアイデンティティが確立されると，グループは安定性を保持できる実体となり，個々のメンバーはたがいに役割をもって機能し始めます。また，グループの課題や目標に対して協働的にとり組みます。これが第4段階の「グループ機能期および維持期」です。グループの課題や目標が達成されると，「終結期」となります。グループはその役目を終え，自然の成りゆきとして消滅します。

グループ形態によるミュージックセラピーの展開

グループ形態によるミュージックセラピーは，クライエントが属する治療機関の性格やクライエントの心身の状態，クライエント自身やその家族の意向などをふまえて導入が検討されます。また，子どもを対象とする場合には，発達期に必要な社会性を獲得する機会をあたえることが重要であるとの理由で，個別セッションからグループセッションへ漸次移行する方針が立てられることもよくあります。

グループ形態のミュージックセラピーを実施するにあたっては，実施の枠組みをあらかじめ明確にとり決めておくのが通例です。つまり，1回あたりのセッションの所要時間，実施の期間とその頻度などを設定します。たとえば，1回45分間のセッションを6か月間，週1回実施するというように計画されます。

ここでは，上述のハートフォードによるグループ発達モデルをふまえながら，ミュージックセラピーの場でグループが発達する一般的な様相を概観します。ただし，このような発達の様相は，セッションの回数が積み重なるとともに移行していくだけではありません。1回のセッションのなかにも様相の変化や進展が存在します。

- グループの始動

　グループの開始期では，セラピストは，クライエントの言動をほぼ無条件に受容し，気軽な会話や簡単な音のやりとりをとおして交流の回路を開きます。たとえば，コンガなど大きな打楽器でセラピストと交互に思い思いのリズムを叩きあうことによって，音楽的な反応を自然にうながすようにします。この時期は，クライエントの側に意思決定を求めない活動がふさわしいと思われます。

　対象が子どもの場合は，グループの開始から数回のセッションのあいだに，たとえば，子どもひとりひとりの名前や，子どもが好きな動物や食べ物などを織り込んだ歌をつくって一緒にうたうことなどをとり入れると，子どもはグループそのものの雰囲気に早くなじみます。

- クライエントの主導

　クライエントがグループ内で小さなリーダーシップをとる機会を提供します。たとえば，セラピストとクライエントが打楽器を交互に叩きあうことにおいて，クライエントから先に音を出したり，あるいは演奏の終わりのタイミングを決めたりするなど，セラピストがそれまで担ってきたリーダー的な役割をクライエントが引き受けるようにうながします。そのことはやがて，クライエントがグループ内での役割を認識し，より主体的にグループに貢献することにつながります。

- グループの仮統合

　クライエント同士の相互作用が活発になると，クライエントはグループ内での役割意識をさらに高めます。しかし同時に，個々の個性や見解の相違によって，クライエント間で対立が起こったり，グループ活動への不満が表面化したりすることがあります。この時期の音楽活動では，メンバー全員が共有できるような身近な話題をテーマにした即興演奏を試みたり，クライエントからの要望があれば，既成の楽曲（歌や簡単な器楽曲）を練習したりするなど，クライエントの意識が凝集的になるような工夫がセラピストに求められます。

- グループの統合

　グループが真の統合の様相を迎えるのは，自分たちの情緒は共有されるもの

なのだということがクライエント自身によって気づかれるときです。彼らは，自分の要求と他人の希望を調節しながら，音楽活動を自発的に進めるようになります。たとえば，お気に入りのCDをもち寄って聴きあい，音楽に関するたがいの好みについて紹介しあったり，そうした会話をきっかけにして音楽以外の話題を発展させたりします。セラピストもグループの一員として溶け込み，グループリーダーとしての役割は背景に退いていきます。セラピストはここでは，クライエントの考えや要求を整理し，グループの進展を大局的に見守る役割となります。

• グループの終結

グループの終結に先立つ収束の時期には，クライエントひとりひとりは，グループにおける自分の位置づけを確認することによって，これから遭遇する新たな生活のなかでの自分の役割を予測します。安全な時空間において重ねてきたグループ体験をふり返ることは，未知の世界へと進んでいくこころの準備となります。クライエントたちは，これまでの音楽体験を言語的にフィードバックしたり，グループ活動のなかで聴いた曲やうたった歌をふたたびもち込んできたりしながら，グループを閉じる作業を自主的に進めます。

以上に見るように，グループ形態のミュージックセラピーは，安全な治療構造のなかで，クライエントが複数の他者とのかかわりを経験することにより，適切な対人関係のあり方や社会のルールについて学習する貴重な機会です。ストー（Storr, A.）は，人間関係を成熟させる重要性について，つぎのような表現で語っています。

　　他人に対して完全な関係を保っているということは，もっとも自分らしい自分であるということに等しく，また自分の人格を全面的に肯定しているということに外ならない，と。
　　したがって，私たちはこういう逆説，すなわち，人間は，自分の仲間ともっとも多く接触しているときに，もっとも多く個性的となり，自分の仲間から孤立しているときに，もっとも少なく独立した個人となるのだ，という逆

説にさらされているのである。(Storr, 1960, 訳書, p. 46)

さらにストーは，人間の成熟についてつぎのように描写しています。

　人は，孤立のうちにあっては，自己の人格を発展させることはもとより，これを実現することもまた不可能である。また，個人の人格の成熟は，他人との人間関係の成熟と手を携えて進んでいく。(Storr, 1960, 訳書, p. 51)

人間が個として確立していることと，良好な他者関係を維持していることとは，ひとつの同じことであるといえます。グループの体験は，たがいの存在を必要としながら個が完成することを自覚する，人間形成のための重要な場面です。

5　高齢者を対象とするミュージックセラピー

高齢者の特性から見るミュージックセラピーのねらい

　欧米では1970年代半ばから，高齢者を対象とするミュージックセラピーが盛んになり，1980年代後半以降は，認知症の高齢者に対する援助について多くの研究が行われるようになりました。その背景には，認知症の高齢者が入居施設を利用する機会が急増したことや，アルツハイマー型の認知症が主たる死因のひとつとして注目され始めたことなどの社会の変化があります（Prickett & Moore, 1991）。

　高齢者のためのミュージックセラピーの目標として，社会的技能の向上および維持，感覚刺激の提供，認知機能の向上および維持，感情表現の促進，身体機能の向上および維持，リラクセーションまたは不安軽減，創造的表現の促進，不適応行動の減少，精神的充足といった項目が設定されています（Smith & Lipe, 1991）。もっともこれらは，先に見た，リハビリテーションや発達支援のためのミュージックセラピーの目標と大きく変わるところはありません。

一方，高齢者を対象とするミュージックセラピーにおいては，他の対象者とは異なる独自の配慮も必要です。そのひとつは，心理社会的な状況から生じる孤独感や不安感への対処です。高齢期の人びとにとって，社会的な役割をつぎつぎと喪失する現実は，個人としてのアイデンティティや自信までも失う危機をもたらします。ミュージックセラピーにおいて，新たな関係を築いていける他者とのかかわりのなかで，「貢献すること」や「影響をあたえること」といったニーズ（Lowy, 1983）を充足することができれば，高齢者たちは自尊感情を維持できると思われます。

認知症への対応もミュージックセラピーの重要な役割です。軽度の記憶障害から人格の不統合状態までさまざまな様相を呈する認知症の症状に対して，ミュージックセラピーが正面から挑むことは困難ですが，随伴症状としての抑うつ，自発性低下，不安，妄想，不穏，徘徊などに対して側面的な援助をすることはじゅうぶん可能です。ボクシル（Boxill, E. H.）は，ミュージックセラピーを全人的アプローチから論じるなかで，音楽の役割は，クライエントが自己，他者，環境についての「気づきの力（sense of awareness）」を目覚めさせ，それを高め，広げるのを助けることであると述べています（Boxill, 1985）。認知症の高齢者の場合も，この「気づき」へのはたらきかけを援助の第一歩として，不確実な自己感覚をもって生活する人びとに対して，安心できる音楽環境を提供し，こころに届くコミュニケーションを復活させることをめざします。ウィットコム（Whitcomb, J. B.）は，言語機能が衰えつつある高齢者にとって，音楽は「母国語（native language）」として機能すると表現しています（Whitcomb, 1994）。人びとはこの「母国語」を介して，他者や周囲への気づきをとり戻すとともに，自己との内的な対話をも果たすことで，自らの不安に対処することができると思われます。

高齢者への配慮と発展的なとり組み

高齢者にとって，各々の長い人生を支えてきた「古き良き」音楽は重要な役割を果たします。人生の節目を乗り越える力となった流行歌，戦時中の不穏な

時期に美的欲求を満たしてきたクラシック音楽など，個々の生活に寄り添ってきたなじみの音楽は，その人の生涯にわたって生きるエネルギーの源にもなっています。高齢者を対象とするミュージックセラピーでは，こうした既存の音楽の助けを借りることによって，信頼関係を比較的早く築くことができます。

一方，よく知られた音楽には，クライエントにつらい記憶を呼び起こす可能性があることに留意しなければなりません。音楽から連想されるできごとがなつかしい思い出となってクライエントのこころを満たすときには，音楽を通じて気持ちを分かちあうことができます。しかし，なつかしい音楽は，ある種の身体感覚をともなった記憶を呼び覚ますこともあります。皆でうたえるからという理由だけで，なじみの歌をとくに吟味せず採用することや，その歌から連想される過去の生活やできごとについての言語交流を意図的に引き出すような活動は避けるべきです。既存の音楽を用いるときには，その音楽が高齢者ひとりひとりのこころにどのように位置づけられているかについて，つねに思いを馳せる必要があります。

既存の音楽を個別の場で用いる特別な例として，ライフレビューがあります。ライフレビューは，おもに終末期のクライエントが，これまでの人生をふり返り，残された少ない日々を穏やかな気持ちで過ごすことができるように，自らの生を肯定的に意味づけする「語り」です。家族や友人に情緒的に支えられながら，自分が歩んできた道について語ることは，神に召される前のこころの準備でもあり，欧米の宗教観にはよくなじみます（たとえば，Colligan, 1987, Beggs, 1991, Martin, 1991など）。音楽は，死を受けいれつつある人に，人生のふり返りのひとときをいっそう深いものにします。セラピストは，クライエントのベッドサイドでクライエントの語りに寄り添うような音楽を選んでうたったり演奏したりすることにより，クライエントやその家族と思いを共有します。あるいは，その場の雰囲気を汲みとって，即興的に音楽を奏でることもあります。さらには，クライエントや家族の要望に応じて，音楽家としての演奏を提供することもあります。そこでは，クライエントや家族たちが，それぞれにおいて自らの内と対話をする静かな時間となります。

第2章

発達期を支える音楽

　ミュージックセラピーがリハビリテーションの一環であることと並んで重要なもうひとつの側面は，成長期にある子どもの発達を援助することです。リハビリテーションが総じて，失われた力の回復や個人の生活基盤の充実にかかわる領域であるのに対し，発達の援助は，子どもの年齢に応じた身体やこころの発達をうながし，より適応的に生きる力を付与することに関連します。ミュージックセラピーは，子どもの発達に対して多角的に貢献できる可能性があります。たとえば，音楽をともなうムーブメント（身体の動き）によって自発的な行動を動機づけること，遊び歌を活用して言語の発達や社会性の形成を促進すること，即興的な音のやりとりをとおして他者への意識や対人関係を確立することなどです。

　発達を援助することは身体機能，感覚・知覚，認知，言語，社会性に関する能力の向上をめざすという点で，リハビリテーションと多くの点で重なります。それらは，第1章においてミュージックセラピーの目標として挙げているとおりです。本章では，身体機能や知的な面で援助の必要がある子どもたちや発達障害[1]の領域にある子どもたちを総合的に支援する観点から，ミュージックセラピーの役割を考えていきます。

---

[1] 発達障害：発達障害者支援法（2005年施行）の第2条では「自閉症，アスペルガー症候群その他の広汎性発達障害，学習障害，注意欠陥多動性障害その他これに類する脳機能の障害」と定義されている。

表2-1 遊戯療法の「8つの基本原理」

1. 治療者はできるだけ早くよいラポート（親和感）ができるような、子どもとのあたたかい親密な関係を発展させなければなりません。
2. 治療者は子どもをそのまま正確に受けいれます。
3. 治療者は、子どもに自分の気持ちを完全に表現することが自由だと感じられるように、その関係におおらかな気持ちをつくり出します。
4. 治療者は子どもの表現している気持ちを油断なく認知し、子どもが自分の行動の洞察を得るようなやり方でその気持ちを反射してやります。
5. 治療者は、子どもにそのようにする機会があたえられれば、自分で自分の問題を解決しうるその能力に深い尊敬の念をもっています。選択したり、変化させたりする責任は子どもにあるのです。
6. 治療者はいかなる方法でも、子どもの行ないや会話を指導しようとしません。子どもが先導するのです。治療者はそれに従います。
7. 治療者は治療をやめようとしません。治療は緩慢な過程であって、治療者はそれをそのようなものとして認めています。
8. 治療者は、治療が現実の世界に根をおろし、子どもにその関係における自分の責任に気づかせるのに必要なだけの制限を設けます。

出所：Axline, 1947, 訳書, pp. 95-96。

1 プレイセラピーとミュージックセラピー

アクスラインの遊戯療法

　ミュージックセラピーは、セラピストが小さなクライエントをひとつの人格を備えた人間として尊重することから始まります。そして、セラピストと子どもは、音楽をつくることへの共同参加者となります。ミュージックセラピーにおいて、子どもたちへの接し方の指針のひとつとなるのが、アクスライン（Axline, V. M.）による、遊戯療法（play therapy）の「8つの基本原理」（表2-1）です（Axline, 1947, 訳書, pp. 95-96）。

　アクスラインの遊戯療法は非指示的アプローチに基づいています。もっとも、「非指示的態度というのは一種の挑戦でありインスピレーションである」（Axline, 1947, 訳書, p. 96）というアクスライン自身の言及から推察すれば、非指示的な態度とは、子どもの発達を見守る大人の姿勢であって、遵守すべき規則ではないと考えられます。ミュージックセラピストも、ときには必要な指示をあ

たえる時機を逸することがないよう留意しながら，この「8つの基本原理」を導き手とすることができます。

プレイセラピーとミュージックセラピーの特性

　遊戯療法は，今日ではプレイセラピーという名のもとに，子どもの心理臨床に多く導入されています。また，プレイセラピーは「子どもとセラピスト（治療者）の適切で特別な対人関係のなかで，安全な環境と遊び道具を使って，子どもが自分の気持ちや考えや行動を表現したり探索したりするのを，プレイセラピストという大人が促進し手伝うもの」[(2)]と定義されていることから，プレイセラピーとしてのあり方そのものが，ミュージックセラピーと共通していることがわかります。異なるのは，用意されるものが玩具であるか楽器であるかという点にすぎないといえるかもしれません。プレイセラピーでは，人形，ぬいぐるみ，積み木，刀や鉄砲などのおもちゃをはじめ，描画用具，ボール，ゲーム盤など，多種多様な遊具が備えられます。

　一方，ミュージックセラピーでは，使用する媒体は声と楽器，すなわち「音」にほぼ限定されます。ときには，子どもたちは楽器の形状からイメージする遊びを始めたりすることもありますが（たとえば，タンバリンをままごとのお皿に見立てるなど），そのような状況でも子どもは，楽器は遊具として用意されているのではないことを了解しています。むしろ，楽器という選択肢しかないために，かえって子どもの発想がふくらんで独創的な世界を築きやすいともいえます。また，楽器以外に遊べるものがないということは，子どもにとって意識の焦点をあわせやすく，たくさんの遊具を前に圧倒されることがありません。気持ちの移ろいやすい性格の子どもたちにとっては，適度に制限された外的刺激のなかで安心して遊ぶ環境があたえられているといえるでしょう。

　また，このような限定的な環境は，遊びの行動を段階的に進めていく必要のあるときにも好都合といえます。パーテン（Parten, M. B.）によると，幼児期

---

(2)「日本プレイセラピー協会」の定義による。

の遊びの行動は，「ひとり遊び（solitary independent play）」「並行遊び（parallel activity）」「連合遊び（associative play）」「協同遊び（cooperative or organization supplementary play）」の順に成立していくといいます（Parten, 1932）。ここで「並行遊び」というのは，仲間と同じ種類の遊びをしながらも，たがいに独立していて関係をもたないこと，「連合遊び」は，仲間と類似した行動をとって遊ぶこと，「協同遊び」は，協力しあいながら組織的な遊びをつくりあげることを意味します。ミュージックセラピーでは，楽器に対する子どもの反応から，子どもがどの段階の遊びであれば快適であるか，またどの段階へ進もうとしているか，ということをセラピストが比較的容易に見きわめることができます。使えるものが楽器しかない環境はまた，子どもの側にとっても有利な点があります。誰かと一緒に何かをすることに不安を感じる子どもや，自分の遊びのなかに他者が介入してくることに抵抗を感じる子どもは，多くの選択肢のなかから自分の気持ちに無理のない遊び方を見つけていくことにかなりのエネルギーを使います。しかし，囲まれているのが楽器という道具だけならば，自分なりに安全な遊びにとどまることも，少し冒険をして他者と交わってみることも，主体的に選択することができます。たとえば，ひとりでそっと音を出してみること，セラピストに少しだけ近づいて一緒に楽器を試してみること，セラピストと異なる楽器を使って合奏してみることなどを自由に決断することができるのです。

2 発達の援助としてのミュージックセラピーの展開

　以下では，ミュージックセラピーにおける発達の援助の具体的な方策として，手指の運動機能，認知能力，社会性の各側面から，音楽の要素をとり入れた諸活動の展開ついて概観します。

手指の運動機能とミュージックセラピー
　手指の運動における発達は，「リーチング（ものに向かって手を伸ばすこと）」，

第2章 発達期を支える音楽

「グラスピング(手で摑むこと)」,「マニピュレイティング(手指で操作すること)」によって成り立っています(草野,1989)。

　リーチングが達成されるには,対象となるものを注視できること,対象までの方向や距離を知覚できること,さらには,対象に届くために腕や手を動かす運動のプランが立てられることが必要です。リーチングは,自己の身体イメージの形成にともない,通常の発達では生後5か月以降に達成されます。そばにいる大人が手にしている楽器や「手の届く距離」に置かれた楽器を取ろうとする子どもの様子を観察することは,ものへの関心度,注視する能力,空間の認知力,動作への動機づけ,動作の試行などの発達レベルを判断するのに有効です。グラスピングは,拇指が人さし指の内側に入っている把握反射の状態から,拇指とその他の4指が向きあう型となる握り,そして,拇指と人差し指または中指でつまむ動作へと発達する動きのことです。マニピュレイティングは,各指の機能の分化,両手の協応動作と目と手の協応動作の確立,および筋運動の調節力の増加により達成されます。グラスピングとマニピュレイティングの発達の程度は,子どもが自ら楽器を手に取るしぐさや楽器で音を出す様子からわかります。

　このような手指の使い方に関連した活動として,たとえば,セラピストと子どもがトライアングルを交互に鳴らしあうような音遊びをすることができます。トライアングルの音をきれいに出すことは思いのほかむずかしいものです。子どもはまず,セラピストが音を出す手本を見ることから始めます。そして,セラピストを注視して行動をまねながら,いくつもの種類のマニピュレイティングを同時に作動させなければなりません。片方の手で細い金属棒を保持する,そしてもう一方の手で,楽器をぶら下げる細いヒモをもつ,両手の位置関係を調整する,金属棒をもつ手の動かし方や動きの強さを調整しながらトライアングル本体を叩く,などです。トライアングルをうまく操作できれば,セラピストと一緒に音を出しあって遊び体験へと入っていく楽しみが待っています。

　手指を巧みに使えないことについては,ふだんの遊びのなかで失敗や不快な体験が重なることが原因で,行動意欲が低下している場合があります。ミュー

ジックセラピーでは，このような状況に対しても，セラピストとのゆるやかな交流のなかで，安心して自分の可能性を高めていくことができます。

認知機能とミュージックセラピー

　知る，理解する，判断するといった行為にかかわる認知能力は，環境に適応する能力の基礎となります。認知能力の発達は，触れる，叩く，振るといった乳児期の自発的な行為から始まります。乳児は，あらゆる感覚器官を動員して身のまわりのものに直接にはたらきかけ，その手触り，温度，堅さ，重さなどを感じとります。音の大きさ，音の高さ，音色などの変化に対する反応は，乳児自身をとりまく環境への気づきや関心の程度を示します。触覚や視覚にかかわる認知能力は，聴覚とのかかわりのなかで発達します。たとえば，子どもはさまざまな種類の楽器（たとえば，コンガやボンゴなど皮製の楽器やトライアングルやハンドベルなど金属製の楽器）に向きあうことによって，光沢や手触りのちがいと音質のちがいとの関係に気づきます。また，そのちがいを予想して，自分がその場で適切だと思う楽器を選ぶようになります。さらには，セラピストの音の出し方に集中したりセラピストの楽器のあつかい方をまねたりすることによって，人に対する関心の度合いを高めていくことができます。

　梅本は，認知には，見る・聞くという行為の「知覚的認知」と，認める・理解するという行為の「表象的認知」があるとした上で，音楽的認知についてつぎのように述べています。

　　知った結果はその人のなかに認知体制を形成する。また同時にその認知体制がないと次の認知ができない。知覚的認知体制があると，いわゆる「音がわかる」，「音色がわかる」，「ずれがわかる」という状態となり，表象的認知体制が形成されていると，「旋律がわかる」，「テーマがわかる」，「発展がわかる」という状態となる。（梅本，1996, p. 11）

　子どもが表象的認知体制を形成するにあたっては，大人の関与が大きな鍵に

なります。子どもは，自分が知覚したことを他者によって受けとめられ，フィードバックされることによって，自分の行為を確認します。セラピストが子どもの表現したリズムやメロディを受けいれ，それらにバリエーションを加えて子どもとセラピストが協同でつくる音楽へと発展させていくことは，音楽を知覚的に認知する世界から表象的に認知する世界へと押し上げることを促進します。また子どもは，表象的認知能力の獲得の過程で，新奇な音楽体験に対する適応力を備えていきます。それはやがて，生活全般のなかで困難な問題に遭遇したとき，状況を把握し，経験に基づいて解決策を見出す力の獲得へとつながります。

社会的機能とミュージックセラピー

ここでは子どもの社会的機能の重要な一面として，遊び方の変化を中心に考察します。

乳児期の遊びはまず，感覚器官を刺激されたり身体を動かしたりすることを喜びとする性格のものから，対象操作の遊び，さらには他者とのやりとりを楽しむ遊びへと移っていきます。感覚運動的な性質をもつ遊びの時期は，ピアジェ (Piaget, J.)[3] の認知発達段階における「感覚運動期」に対応します（以下，ピアジェの認知発達段階については表2-2参照）。対象操作の遊びは，乳児が対象物に何らかの変化を起こすことを楽しむもので，よく見られる例として，同じものを何度も落としては自分で拾う行動があります。こうした対象操作の経験がじゅうぶんに蓄積されるほど，人との交流をともなう遊びへのスムーズな移行が起こります。生後9-10か月以降からの「いない・いない・ばあ」は，他者を要するシンプルな遊びです。乳児はこの遊びをとおして，未知のできごとへの予測や期待を体験します。

子どもの遊びは，やがて象徴遊びへと発展します。象徴遊びは，幼児期のごっこ遊びに代表されるように，想像によって達成されるものです。「～のふり

---

[3] Piaget, J. (1896-1980)：スイスの発達心理学者。人間の論理的思考が育つ過程を体系化した。

表2-2　ピアジェの認知発達段階

段階（期）	年　齢	特　徴
感覚運動期 Sensorimotor stage	0～2歳	もの（object）を使っての行動，および感覚器官から得る情報から世界を"理解する"。たとえば，ひとつの積み木を，なめたり，握ったり，注視することによって，味や感触やかたちを知る。
前操作期 Preoperational stage	2～6歳	18～24か月ごろまでには内的にものを思い描くことができ，ものを識別して分類することを理解し始める。他人の視点に立つことができる。初歩的な論理を立てられるにつれて，想像遊びがあらわれる。
具体的操作期 Concrete operational stage	6～12歳	論理力は飛躍的に発達し，たし算，ひき算，包含関係など，新たな内的，精神的操作ができるようになる。行為は依然として具体的な経験に基づいているが，身体的操作だけでなく精神的操作も行うようになる。
形式的操作期 Formal operational stage	12歳以上	覚えているできごとやものを頭のなかで組み立て直すだけでなく，思考（idea）も操作することができる。見たことのない，あるいはまだ起こっていない事象について想像したり考えたりすることができる。すなわち体系的，網羅的に組織化したり，演繹的に推論することができる。

出所：Bee, 1985, p. 228, 邦訳著者。

をする」，「〜のつもりになる」といった象徴遊びが成立するためには，目の前にないものを再現する表象作用をはたらかせなければなりません。したがって象徴遊びは，子どもの精神発達を示す指標となります。加えて，象徴遊びは，現実を代償または補償する機能を有し，欲求の充足や葛藤の克服に関与します。さらに，ままごと遊びのような，大人の世界をまねる遊びをとおして，自分が属する社会の成員として必要な態度，習慣，価値観を受け継いでいきます。象徴遊びは，ピアジェの認知発達段階における「前操作期」にほぼ対応します。

　児童期になると，構造や決まりのある遊びが好まれるようになります。また，子どもたちは，遊びのなかで仲間との競争や衝突を経験することをとおして，その構造や決まりを柔軟に変えていきます。ルールが自分たちの集団属性になじまなかったり，集団全体に不都合がおよぶと判断した場合には，ルールを変更したり加減したりしながら，小さな良き社会を築いていきます。概ね7歳ごろからあらわれるこれらの遊びの特徴は，ピアジェの認知発達段階では「具体

的操作期」以降に対応します。「形式的操作期」に対応する遊びの典型的なものとしては，論理的思考を必要とするゲームを挙げることができます。そこでは相手のこころの内を読みとったり相手の戦略を予想するなど，高次の対人交流が存在します。

　ミュージックセラピーでは，楽器を介した遊びによって，年齢に応じた社会的機能の発達をうながしていきます。幼児期の子どもが，特定の楽器の感触にこだわったり，そばにいる他人に気を向けることなく強迫的に楽器の音を鳴らし続けたりする行為は，感覚運動機能の行使としての遊びにとどまっていることを示します。楽器へのこだわりが，たとえば，楽器の鳴らし方を変化させることと音の大きさや音色が変化することの関連を試しているような場合は，対象操作の遊びの段階にいるといえます。子どもは，ものを操作することをとおして，自分が環境に順応できることを学びます。他者とのかかわりについては，楽器を共有する活動から対人交流のバリエーションをつくることができます。自分の音を相手に受けとめてもらえるようなタイミングを計る，リーダーもしくはフォロアーの役割を理解して，その役割を交代することなどは，日常生活にも応用されることによって，社会のルールを学んでいくことにつながります。発達を支援するミュージックセラピーのさらに具体的な展開については，第3章と第6章で述べていきます。

アセスメントの一環としてのミュージックセラピー

　医療や心理臨床におけるアセスメントとは，治療計画を立てるに先立ち，クライエントがその時点で有している諸能力や行動特性を把握する手続きのことです。1回から数回にわたるミュージックセラピーをアセスメントとして位置づけ，声や楽器をとおして子どもと交流をもつことは，一般的な観察や保護者による報告からでは得にくい子どもの発達状況を知ることができます。たとえば，子どもが歌をうたう様子から，声の高低の幅，声の質，発音の特徴がわかります。また，楽器に接する様子からは，粗大運動能力および微細運動能力の程度，空間認知能力，興味や集中力の程度などが把握できます。前者において

表 2-3 音楽を活用したアセスメントの項目例

1．全般的特徴
　1）外見上の印象（活発か不活発か，協力的か反抗的か，自己主張的かひきこもりがちか，など）
　2）身体上の障害および状況（四肢の状態，聴覚障害，視覚障害，てんかん）
　3）利き手（右利き，左利き，または両利き）
　4）視線合わせ
　5）注意力の長さ
　6）習癖（顔のゆがみ，チック，手や指の動き，特異な発声，など）
　7）歩き方
　8）姿勢
2．運動機能
　1）粗大運動
　　a）移動動作（歩く，走る，跳ぶ，スキップ，など）
　　b）非移動動作（上体の曲げのばし，腕の動き，身体の回転，など）
　　c）動作の統制
　　d）静止の統制
　　e）身体活用（手たたき，足ぶみ，腕まわし，膝まげ，など）
　2）微細運動
　　a）指の動き
　　b）掌握動作（手のひらで握る，指でつまむ）
　　c）目と手の協応動作
　3）感覚-運動機能（ドラムたたき動作の安定度など）
　4）精神運動技能（音楽と動作の調和）
3．コミュニケーション機能
　1）発声および発話の特性
　　a）表出言語（一語文，二語文，反響言語，強迫的発話，など）
　　b）受容言語
　　c）抑揚・声域
　　d）発音・声質
　　e）発話速度
　　f）器質上の障害（構音，失語など）
　2）非言語的意思伝達機能
　　a）身振りや手振り
　　b）手話・指サイン
　　c）発声（ボーカリゼーション）
4．認知機能
　1）全般的理解力（歌詞にあらわれる色・数・曜日，身のまわり品などの理解）
　2）身体意識（歌詞にあらわれる身体部位の同定）
　3）方向性の理解（歌詞にあらわれる左右，前後，上下，のことばに合わせた動作）
　4）視覚認知（歌と絵カードの関連の理解，楽器名の理解）
　5）聴覚認知（音量，速度，音程，音色などの変化への気づき，拍打ちや音節歌唱の模倣，など）
5．情緒的機能
　1）表情
　2）感情の程度と幅

3）適切な情緒反応（情緒の安定度）
　　4）音刺激や歌詞に対する情緒反応
　6．社会的機能
　　1）自己・他者・環境への意識（自分の名や他人の名の認識，またはそれらをうたうこと）
　　2）相互作用（大人や仲間との交流）
　　3）グループ音楽活動への適応（合唱や遊戯ゲームなどへの参加，自発性および主導性，など）
　7．音楽に関する行動特性
　　1）発声に関する特性（旋律や歌詞の正確さ，リズムをつけて歌詞を唱える能力など）
　　2）打楽器への試みの特徴（ドラム，クラベス，テンプルブロック）
　　3）旋律楽器への試みの特徴（ピアノ，シロフォン，チャムバー）

出所：Boxill, 1985, pp. 50-57をもとに著者作成。

は，将来の言語発達を予測し，言語療法の適用についての見通しを立てる目安になります。後者は，理学療法や作業療法との効果的な連携について検討する手がかりとなります。さらには，セラピストとのやりとりをとおして，常同行動などの行動特性や他人とのかかわり方の特徴を確認し，日常的な支援のあり方を保育者や家族とともに考えることもできます。このようにミュージックセラピーは，子どもの問題やニーズを総合的に把握して，よりふさわしい支援体制を計画する助けとなります。もちろん，ミュージックセラピーそのものを適用するかどうかを判断するためにも，音楽的な要素をとり入れたアセスメントを行います。そこでは，声や楽器に対する反応や興味の程度を詳しく観察し，音楽によるはたらきかけを継続的に行うことがふさわしいかどうか，ふさわしいと判断すれば具体的にどのような活動が有効かということを検討します。

　表2-3は，ボクシル（Boxill, E. H.）による詳細なアセスメント項目を簡略化したものです。このアセスメント書式はミュージックセラピーの適用を検討することを前提として作成されたものですが，ミュージックセラピー以外の援助方法を考える手がかりとしても活用できる内容をも含んでいます。

3　子どもの成長と音楽発達

音楽発達の概観

　以下では，音や音楽を受容する力と音や音楽によって表現する力の統合的な

表2-4 音楽発達の指標

0～1歳	音に対して反応する
1～2歳	自発的に音を連ねてうたう
2～3歳	聴いた歌のフレーズをそのとおりにうたう
3～4歳	メロディの流れを予測する。この時期に楽器を習い始めると絶対音感が発達することがある
4～5歳	音の高さを弁別する。簡単なリズムを模倣する
5～6歳	音の強弱を理解する。簡単な旋律線やリズムパターンの異同を弁別する
6～7歳	調性を保持してうたう能力が向上する。無調音楽より調性のある音楽をよりよく理解する
7～8歳	協和音と不協和音のちがいを認識する
8～9歳	リズム打ちが上達する
9～10歳	リズムについての知覚が向上する。メロディ記憶が上達する。二声旋律を知覚する。終止（カデンツ）の感覚をもつ
10～11歳	和声感覚が確立する。音楽の細部に注意して鑑賞する
12～17歳	認知的な鑑賞力が向上し、情緒的に反応する

出所：Shutter-Dyson & Gabriel, 1981, p. 159, 邦訳著者。

発達を「音楽発達」と呼ぶことにします。これは，英語で「development of music（音楽の発達）」といわれる領域のことです。

　ミュージックセラピーの実践者は，子どもの身体機能や認知機能の発達に関する知識に加え，音楽発達に対する理解も備えておくことが重要です。音楽発達の道筋を知った上で，子どもの反応や行動を観察し，子どもたちとかかわることができてこそ，音楽活動はセラピーとしての価値をもつものとなります。たとえば，簡単なリズムパターンを模倣できるようになった子どもに対して，セラピストが子どものパターンを少しずつ変化させながら新しいリズムを示していくことは，子どもが他者への意識を深めるきっかけとなります。相手には自分とは異なる意志や情緒があること，自分の反応は相手のつぎなる反応に影響をあたえること，などを推し測っていくのです。

　スロボダ（Sloboda, J. A.）は，個人はあるひとつの文化のなかで育つと，その文化に共通の身体的，認知的な成熟を示すと言及しています（Sloboda, 1985）。そして音楽の領域に関しても同様に，意識的な努力や指向性をもつことなしに，人は誰でもその文化に共通した発達の様相をあらわすといいます。スロボダはこの発達のことを「文化適応（acculturation）」と名づけ，音楽技術を上達させ

るために行う訓練（トレーニング）と区別しています。

　表2-4は，シューター＝ダイソン（Shutter-Dyson, R.）とガブリエル（Gabriel, C.）によって作成された音楽発達の指標です。この発達指標は，西洋文化圏の子どもの文化適応としての様相ですが，現代の日本の生活環境や生活様式に鑑みて，日本の子どもたちにもそのままあてはまると考えられます。

乳幼児期における，音や音楽に対する反応と積極的なかかわり

　以下では，ハーグリーヴス（Hargreaves, D. J.）の論述に沿って（Hargreaves, 1986），子どもが身のまわりのさまざまな音を聞き分ける段階から，音楽を積極的に楽しむようになるまでの発達の様相を概観します。

　聴覚による感受性と識別力は，一般に思われているよりも早期に，しかも優れたかたちで存在します。生後5日しかたたない乳児でも音の高さを弁別できることが，実験によって確かめられています。しかし乳児は，何よりもまず，母親の心拍，もしくはそれに近い速さの拍動に包まれることにより，安心の基盤を獲得します。心拍の速さというものは，大人になってもなお，なじみ深いものです。たとえば，ディスコミュージックのベースドラムが刻むテンポがその一例で，このような音楽を聴くことによって，大人も退行的な安心感を得ることができます。

　生後11-12週までに，乳児は人間の声とその他の音とを聞き分けることができ，かつ人間の声のほうを好むようになります。生後14週ぐらいまでには，母親の声と母親以外の人の声を弁別でき，しかも，母親の声をより好みます。このように，音や声に対する反応は，初期の社会的発達の側面と密接な関係があります。泣くこと，微笑むこと，注視の方向などに関する乳児研究によれば，乳児が誰に対しても示す見かけ上の愛想のよさは，生後2か月から7か月のあいだに次第に減少し，母親に対する明確な愛着がこれにとって代わります。

　生後3か月から6か月になると，乳児の態度は，音楽を受身的に聞く状態から，音楽に対して積極的に反応する行為へと移っていきます。乳児は，音源すなわち音楽が聞こえてくる方向へ自然と顔を向けるようになります。また，聞

こえてくる音に対する反応は，顔の表情やしぐさにあらわれ，それらはしばしば，喜びや驚きの感情として大人によって読みとられます。さらに乳児は，音楽に反応して身体を積極的に動かすようになります。よく観察される例は，大人に支えられながらではあるものの，上体を左右に揺らしたり突き上げたりする動作です。ただしここでは，乳児は音が鳴っていることに対して反応しているだけで，音楽のテンポやリズムにあわせて身体を動かしているわけではありません。聞こえてくる音楽に自分の動作を調和させるコントロールは，一般には2歳になるころにできるようになります。

　一方，聞こえてくる音楽を意識するような発声は，1歳より少し前から見られます。ムーグ（Moog, H.）は，音楽的な喃語と非音楽的な喃語とを区別しています（Moog, 1976）。非音楽的な喃語とは，話しことばの出現に先立つ声のことをいいます。非音楽的な喃語は，最初のうちは，乳児が気ままに発している声にすぎませんが，徐々に，特定の人やものごとと結びついた発声へと発展します。他方，音楽的な喃語とは，乳児が耳にする音楽に対する反応として生じる声のことです。音楽的な喃語の初期的な特徴としては，ひとつの母音や複数の音節から成っているほか，不安定ながらもある程度の音程が存在します。しかし，ここでも乳児は，聞こえている音楽と関連のある声を発する段階にはまだ至っておらず，鳴っている音に対する素朴な身体反応のひとつとして声を出しているにすぎません。またこのような発声は，リズムやメロディにつながる整ったかたちは見られません。たとえば，休符であらわされるところの声を出さない状態は，息つぎのタイミングで気まぐれに起こるもので，さらに，声の高低は，息の強さのちがいによって不規則に変化します（譜例2-1）．もっとも，1歳から2歳になると，グリッサンド（音の高さがすべるようになだらかに変化すること）や，いくつかの同音反復の音型が規則的なテンポをともなってあらわれるようになります（譜例2-2）。

　生後2年目の時期は，身体の平衡を保持する能力や歩行の能力をはじめ，身体コントロールのめざましい発達が見られます。そしてこうした身体発達が認知能力の発達と合流することにより，音楽に調和した身体運動があらわれます。

譜例 2-1　8か月児の喃語（babbling）による歌3例

出所：Hargreaves, 1986, p. 64 より（reproduced from Moog (1976) by permission of the author）。

譜例2-2　12か月児の喃語による歌

出所：譜例2-1と同様，p. 65より。

　たとえば，聞こえてくる音楽にあわせて手足を上下左右に動かす，うなずくように頭を動かして調子をとるなどのほか，自分の動きを母親や他の子どもの動きにあわせて調整するような行為も見られます。

　音楽に対する反応としての身体運動は，一般に3歳から5歳にかけて一時的に減少します。代わってあらわれるのは，同じ音楽を何度もくり返し聴いたりうたったりする，いわば動きの少ない音楽行動です。子どもの反応のこのような変化は，認知能力の発達が順調に進んでいることを裏づけています。この時期に，音楽は子どもの内面に蓄積され，構造化されていきます。この現象は，ピアジェの認知発達理論における，シェマの形成から説明することができます。

　ピアジェの理論によると，子どもは，同じようなできごとや状況に何度も遭遇すると，そのできごとや状況に内包されている一定の構造を「シェマ（schema）」として自らの内に形成します。そして，のちに出会うできごとや状況に対しては，そのシェマに照らしあわせながら適応していきます。それが「同化（assimilation）」の作用です。しかし，同化することが困難なほどの新奇なできごとに遭遇したときは，先につくりあげたシェマのほうを外界にあわせて変化させます。これが「調節（accommodation）」の作用です。より高次な認知能力は，このふたつの作用が入れ替わり作動し続けることによって獲得されます。音楽に関する認知においても，「同化」と「調節」がくり返されることにより，子どもの内面にはシェマがたえず更新されます。このような内的作業が起こるあいだには，音楽に対する身体反応はあまり見られなくなるということです。もっともこの時期は，身体運動の様相そのものは多様化する傾向にあります。

たとえば，動きの要素をいくつか組みあわせてダンスのステップのような動作を考え出すことができるようになるのもこのころで，こうした動作はやがて遊びのなかに織り込まれていきます。

自発的な発声から音楽発達の完成へ

乳児は，喃語を発する以前から，声の出し方を自ら探検します。生後8-20週におけるクーイング（cooing）の時期は，前舌母音様の音と後舌子音様の音が多く含まれます。また，生後16-30週は，高い声と低い声，大きな声と小さな声，息の長い声と短い声を，ひとり遊びをするかのように発する，発声遊びの時期です。生後5-12か月には反復喃語が，生後9-18か月にかけては非反復喃語が出現し，いわゆる前言語期が完成します。

この幼い時期はまた，母親との声のやりとりをとおして，声の持続や高低のコントロールを学ぶ時期でもあります。生後数か月の乳児でも，母親の声の高さをまねようと試み，かつその試みは概ね成功します。すでにこの時期には，模倣する能力や，音の連なり方の変化に気づく能力が備わっているのです。

このように，声によるひとり遊び，あるいは母親との声のやりとりの経験をとおして，子どもはきわめて早い時期から音楽を自発的につくる基礎を築きます。前述の，ムーグによる音楽的な喃語と非音楽的な喃語は，この時期において融合し，ひとつのものになると見てよいでしょう。

子どもの積極的な声の探検は，やがて「思いつき歌（spontaneous song）」となってあらわれます。思いつき歌とは，自発的な発声のなかに何らかの音楽的な構造が見られる歌という意味です。子どもは気ままに声を出しながら，同時に，音楽というものの輪郭や形式について気づき始め，全体構想をもった思いつき歌をうたうようになります。たとえば，音高を徐々に下げつつうたう様子は，うたっている最中にうたい終わりのタイミングを予測しているかのようです（譜例2-3(a)）。また，うたい進むにつれて音程を上げ，もっとも高い音を長く引き延ばしてから次第に声を下げてからうたい終わる様子は，クライマックスをともなう緊張と弛緩が存在していることから，芸術音楽の原型ともいえ

譜例2-3 2歳児の思いつき歌

出所：譜例2-1と同様，p. 69より。

譜例2-4 32か月児の思いつき歌

出所：譜例2-1と同様，p. 70より（reproduced from Dowling (1982) by permission of Calla Dowling, W. J. Dowling, and Academic Press, Inc.）。

ます（譜例2-3(b)）。勝手気ままにうたっているように見えながら，歌の全体構造が把握されているこのような様相は，幼児の描画にあらわれる「オタマジャクシ人間（tadpole person）」の類似とみなされることもあります。オタマジャクシ人間とは，輪郭から判断すると人間が描かれていることが明らかではあるものの，胴体がなく，手足が頭から直接に延びているといった，細かな部分についてはきわめて不十分である人物画のことをいいます。これは，子どもの描画発達における典型的な表現のひとつとしてしばしば観察されます。

　さて，思いつき歌が発達する様相について，ハーグリーヴスらの研究に基づいてより詳細に見ると，安定したリズムパターンや短い旋律の反復といった，楽句（フレーズ）の萌芽が，すでに2歳児において観察されます（譜例2-4）。もっとも，歌のなかの音程の変化は，ほぼ短2度あるいは長2度にとどまっています。その後，2歳半ぐらいで短3度と長3度，3歳で4度と5度というよ

譜例2-5　42か月児の思いつき歌

oh la la la lay ___ oh la ___ la la la
oh la ___ la la la oh la ___ la la la la la

出所：譜例2-1と同様，p.71より。

うに，年齢が上がるにしたがって広い音程をとれるようになります。

　子どもの思いつき歌には，それぞれの子どもが属している文化の要素が大きく反映しています。子どもは，耳にする音楽に含まれる特徴的なリズムパターンや音程の組みあわせなどを自分の内にとり込みます。そして，上に見たピアジェの概念である「同化」と「調節」を通じて，歌の枠組みを再構成していきます。また，子どもの思いつき歌には，聞き覚えの楽曲の断片が巧みに組み入れられていることもあります。既存の歌の，どの部分が借りてこられているかを，大人が容易に特定できる場合も少なくありません。このような，なじみのあるいくつかの歌を寄せ集めて子どもがうたう歌を，ハーグリーヴスは「ポプリ・ソング（pot-pourri song）」（ポプリは「混ぜる」「ごった煮」の語源をもつ）と呼んでいます。

　3歳から4歳ごろには，思いつき歌のなかに3和音の要素があらわれます。これは和声感覚が築かれつつあることを示しています。さらには，反復しながらの変奏という高次の構造も見られます（譜例2-5）。こうした音楽的な構造の獲得とその応用は，言語における文法構造を獲得していくプロセスに対応していると考えられています。

　同時期における別の様相として，子どもは，思いつき歌のなかに付点のリズムやシンコペーションなどをとり込むようになります（譜例2-6）。ここでは，子どもは，聞き覚えた多くの楽曲から特定のリズムの要素を抽出して，自分のオリジナルな歌に応用していることがわかります。もっとも，調性に関する構成力はまだ明確にはもつことができていません。また，自分が思いつきでうた

譜例2-6　4-5歳児の思いつき歌のフレーズ

出所：譜例2-1と同様，p.75より。

った歌をもう1度うたって他人に聞かせたり教えたりするような内的な動機づけもありません。一方，子どもはこの時期からのちは，自由気ままにうたうことよりも，既存の歌を覚えてうたうことを好むようになります。これは，幼児期の自然な知的欲求であると同時に，仲間と共有できる対象を求め始める社会性が発達しつつあると考えられます。

　調性に関する感覚は，ひとつの楽句から次の楽句へ移る時の音高が安定するにしたがって確かなものになっていきます。1曲のうたい始めからうたい終わりまで，ほぼ安定した調性でうたえるようになるのは5歳ぐらいになってからと見られます。しかしその時点でも，ある音からつぎの音へ移るときの，ひとつひとつの音程はまだ正確ではありません。もっとも，この時期の子どもは，たとえば悲しい気持ちをあらわすためにはうたう速さを遅くするといった，表現上の工夫をすることができます。

　一般に子どもは，6-7歳ごろまでに，ひとつの楽曲中にあらわれるリズムやメロディの特徴を把握し，調性感や終止感をより確かなものにします。また，音の強弱や緩急などの技巧についても理解できるようになります。10歳ごろからは，和声感覚を獲得するとともに，2声の旋律を知覚することも可能になり

ます。

　音楽を聴くことと表現をすることの基本は，以上のように学童期を通じてほぼ達成されます。学童期を過ぎると，子どもは個人的な趣味や嗜好に沿って音楽を享受し，またその行為をとおして自分の属する社会や文化とつながりをもつことへと自らを推し進めます。

第3章
音楽教育とミュージックセラピー

　本章では，子どもの心身の発達と子どもの知的欲求に寄り添う音楽教育が，ミュージックセラピーのめざすところといかに共通しているかについて検討します。具体的には，カール・オルフの音楽教育理念をとり上げ，その理念がミュージックセラピーへの導き手となることを見ていきます。

1　カール・オルフの音楽教育

オルフの教育理念とその背景

　カール・オルフ（Orff, C., 1895-1982）は，ドイツの現代作曲家で，代表作のカンタータ『カルミナ・ブラーナ（Carmina Brana）』により，その名を広く世界に知られています。オルフは，若いころから多くの合唱曲や歌曲を作曲していましたが，その作品の多くは，劇場の仕事においてかかわる機会の多い舞踊家たちの踊りからヒントを得たものでした。オルフはとくに，独創的な即興技巧をともなう現代舞踊の形式を自らの作曲様式のなかに組み入れていきました。

　オルフはまた，ギュンター・シューレ（Guntherschule）という舞踊学校で教鞭を執り，舞踊の練習のための楽曲をオリジナルにつくることも手がけていました。オルフが舞踊家を志す生徒たちに奨励したことは，楽曲の拍やリズムを全身で感じ，そのイメージを身体の動きや楽器の音によって個性的に表現することでした。その一義的なねらいは，そうした自由な表現をとおして，生徒ひとりひとりの内にある，人類の原初的な音楽体験を呼び覚ますことにありました。オルフはさらに，世界各地の民族舞踊をとり入れることも積極的に行い，踊り手にシンバルやタンバリンなどの楽器をもって踊らせることを始めました。

そして，音楽を踊りの伴奏とするのではなく，音楽と動きを一体化させる芸術を確立することを試みました。
　このようなオルフのとり組みは，やがて即興演奏の基礎教材であるシュールヴェルク（Schulwerk：学校作品）となってまとめられます。このシュールヴェルクは，舞踊家や音楽家の教育のために書かれたものですが，これこそが『オルフ・シュールヴェルク＝子どものための音楽（Orff-Schulwerk：Musik für Kinder）』（以下『オルフ・シュールヴェルク』とする）として現在も広く使われている曲集の基礎となるものです。
　オルフは，ギュンターシューレにおける教育において，声やことばをあまり使っていないことを自覚するとともに，子どもの音楽教育は，子どもが生活している地域固有の方言や伝統歌をとり入れることから始めるべきだと考えました。ここにおいて，オルフの芸術作品の基調であり真髄である，音楽とことばと動き，という3つの要素の統合が子どもの音楽教育のなかに具現化していきます。ことばと動きが結びついた音楽を，オルフはエレメンターレ・ムジーク（Elementale Musik：原初的な音楽）と呼んでいます。
　『オルフ・シュールヴェルク』の特徴は，5巻からなるこの曲集に収められているどの作品も，譜面どおりに演奏されるために書かれたものではないということです。つまり『オルフ・シュールヴェルク』は，子どもが主体的に音楽をつくっていくための見本，もしくはアドバイスであるということです。オルフが書いたとおりにうまく演奏されても，その演奏自体に価値が見出されることはほとんどありません。たとえば，この曲集のはじめのほうには，手たたきや足踏みなど簡単な身体動作を組みあわせた短い作品がたくさん紹介されています（譜例3-1）が，子どもたちは，この楽譜に沿って演奏することを試みたあと，やがて自分で考えた動きの要素を混ぜ込んだり，仲間の子どものアイデアを採用したりします。さらにオルフは，身体動作をともなうこれらの作品を通じて，さまざまな楽器に接する前に，身体をまず楽器として使いこなすことこそが，これから創作する音楽をより生命力にあふれたものにするということも示唆しています。

第3章 音楽教育とミュージックセラピー

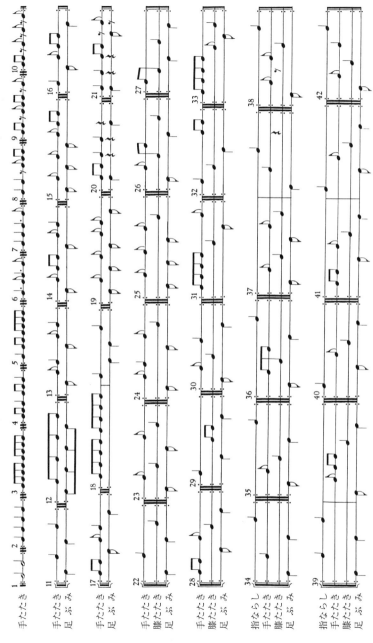

譜例3-1 身体動作の楽譜例

出所：Orff, 1950, p. 78より。

譜例3-2　ドローンの例

出所：譜例3-1と同様、p.150より。

第3章 音楽教育とミュージックセラピー

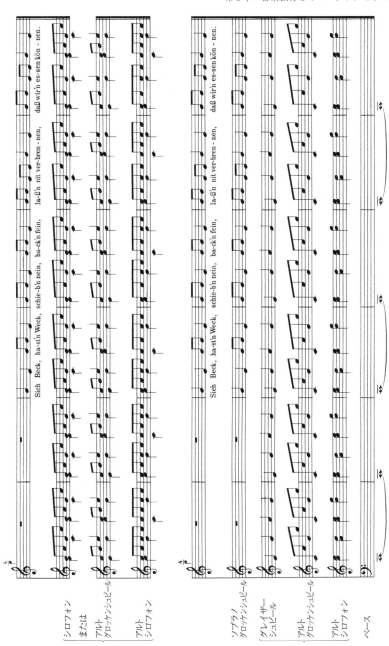

譜例3-3 オスティナートの例

注：1の各段がオスティナートのパート。
出所：譜例3-1と同様, p. 4より。

『オルフ・シュールヴェルク』に見る音楽の特徴

　主体的に音楽を創作することを子どもたちに励まし，また彼らがそのような体験を確実に積み重ねていけるようにとオルフが提案したアイデアとは具体的にどのようなものでしょうか。ここでは『オルフ・シュールヴェルク』のなかに見られる「ドローン」，「オスティナート」，「ロンド形式」という音楽形式に焦点をあてていきます。

- ドローン

　「ドローン（drone）」は，スコットランドの伝統楽器であるバグパイプの持続低音用の管の名前に由来する音楽用語で，単調に持続する低音のことをいいます。インド音楽などでは，持続音を担当する楽器がつねに付帯していることによって，固有のスタイルが確立しています。また，持続低音はヨーロッパ音楽の多声楽曲にもよく見られ，いくつもの声部が絡みあう動きから独立した重厚な響きで音の流れ全体を支える役割を果たしています。オルフのアプローチにおいても，ドローンはきわめて重要な役割を担います。ドローンを担当する子どもは，合奏の底流をなす響きと安定した拍の動きを維持する役目を任せられます。（譜例3-2）。

　ドローンは，そのシンプルな特性ゆえに，音楽が創作される過程で，子どもたちのほうから提案されることもあります。子どもたちは，各々が音を出しあうなかで，自分たちの音の動きのすべてを包み込んで支えるような響きが必要であると感じることがあります。このような状況に子どもたち自身が気づくとき，ものごとの全体を見る能力が彼らに備わってきていることがわかります。

- オスティナート

　「オスティナート（ostinato）」とは，楽曲全体を通じて，あるいはいくつかの連続した楽節を通じて，一定の音型を反復する伴奏形態のことをいいます。子どもが思いつく簡単なリズムパターンやメロディフレーズは，ほとんどの場合，そのままオスティナートとして採用することができます。ただし，オスティナートを演奏することは，ドローンよりも難易度が高いために，子どもにとってはチャレンジのひとつとなります（譜例3-3）。もっとも，一定のパターンを

反復する特徴をもつオスティナートは、オスティナートを担当する子どもに安心感をもたらすとともに、つくられつつある音楽にも安定性を付加します。さらに、余裕をもってオスティナートが演奏できるようになった子どもは、自分が演奏しながら、同時に仲間が演奏する音の動きもしっかりと聴いて、自分の音と仲間の音との重なりや絡みあいを楽しみ、合奏する興奮と喜びを感じていきます。

• ロンド形式

「ロンド形式（rondo form）」とは、一定の長さの主題が挿入部をはさんで何度も回帰する音楽形式のことで、主題を「テーマ（theme）」、挿入部を「エピソード（episode）」（または「ディヴァージョン（diversion）」）といいます。ロンド形式で書かれた作品自体がロンドと呼ばれることもあります。

「テーマ」をAとし、「エピソード」をB, C, Dとすると、ロンド形式はA―B―A―C―A―D―Aのようになります（譜例3-4）。（ただし譜例中ではA―B―A―B^1―A―B^2―Aとあらわされています）。

ロンド形式では、大人が「テーマ」（A）を担当すると、ひとりひとりの子どもの演奏の「あいだ」に分け入ることができます。楽器を使用するときにも、チャント（短文や歌詞を明瞭なリズムをつけて唱えること）を試みるときにも、それぞれの子どもによってつくられる「エピソード」は、つねに大人が差し出す同じ「テーマ」から発展し、また同じ「テーマ」へと回帰します。テーマは、ひとつひとつ異なる「エピソード」に対して、大人からの受容と承認の意味をもつとともに、子どもがつぎなる「エピソード」を考える時間をあたえ、さらにその「エピソード」のアイデアの源ともなります。このようにロンド形式のもとでは、どの子どもも平等に大人の「テーマ」に見守られながら、音楽の世界を探検することができます。

譜例3-4 ロンド形式の例

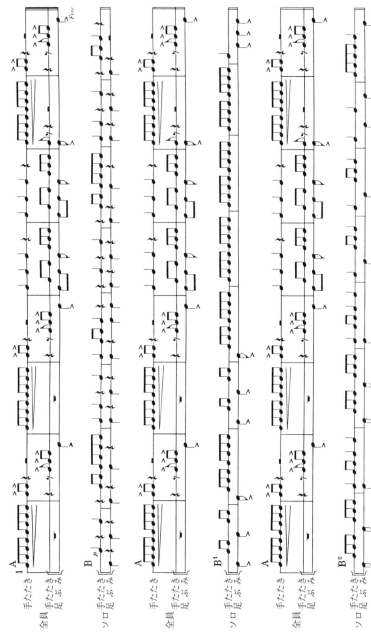

出所：譜例3-1と同様, p. 85より。

58

2 オルフのアプローチとミュージックセラピー

オルフの理念に基づく教育とセラピーの実践

　オルフの教育理念と教育実践に対する信念（以下，オルフのアプローチと称します）は，音楽とは単に聞くためにあるものではなく，また聞かせるために演奏するものでもなく，聞く者と演奏する者が同一者となることによってはじめて意味をもつというところにあります。この考え方は，セラピストとクライエントの協同作業によって音楽をつくるミュージックセラピーの本質的な部分と共通しています。音楽を創作することについてのオルフの信念は，教育とセラピーを等しく支える1本の太い幹となるもので，オルフの前では，むしろ教育もセラピーも区別する必要はないのかもしれません。

　シャムロック（Shamrock, M.）は，子どもの音楽教育に必要な要素について，オルフの教育理念に基づき，「探求」，「模倣」，「即興」，「創造」という4つの局面に分類しました（Shamrock, 1997）。音楽教育におけるこの段階的な考え方は，オルフのアプローチとミュージックセラピーがめざす方向性との近似性を具体的にあらわしているものといえます。ここでは，音楽教育とミュージックセラピーに共通する観点から，シャムロックによる4段階を概観します。

- 探求

　「探求」は，身体の動きから発する音を楽しむことから始まります。手たたき，膝たたき，指ならし，足踏みなどは「身体楽器」と呼ばれています。また，声の使い方を探求して楽しむことは，日常的に話している単語や文節に内在するリズムやイントネーションを新しい感覚で発見することにつながります。

　身体や声を自由に操作できるようになると，周囲のさまざまな音にも注意を向け，好奇心をもって楽器の音を試していくようになります。ひとつの音を長く出したまま音の響きや余韻を楽しむことや，反対に，歯切れのよい音を出す心地よさを感じることは，子どもにとって新鮮で意味のある体験となります。また前者の体験は，「ドローン」の重要性を認識すること，後者は「オスティ

ナート」のアイデアを考える意欲を生む素地となります。

　子どもたちは，自分が発する音に対して注意力と集中力をもって対応できるようになるにつれて，他の人から聞こえてくる音に対しても注意深くなります。音が大きいとか小さいといったレベルを超えて，自信に満ちた音であるか，不安げな音であるかなど，音に付随する情緒をも汲みとっていきます。その想像力は翻って，自分が発する音がどのように相手に届いていくかということに思いを馳せる手がかりとなります。

- 模倣

「模倣」は，自己を社会に開いていくための最初の一歩です。自分の前で，横で，後ろで，どのような音が生まれているかということに関心をもつようになった子どもたちは，自分が注意を向けた音をまねてみようとします。相手を模倣することから起こる，リズムやメロディの「反復」は，オスティナートやロンド形式の重要な要素として了解されるようになります。また，子どもは他者の音の連なりをまねることによって，音に内在する動きを自らの内に蓄積していきます。それらはやがて，子どもがオリジナルに音楽をつくる際に，音楽的な「語彙」やアイデアとなって再生されます。

- 即興

「即興」は，ここでは，自分の音と相手の音をつなぐ行為のなかで即時的に音を組み立てることを意味します。音を「バトンタッチする」行為は，自己と他者との境界線を認識する重要な機会です。人に音をわたすには，自分の音のテンポやダイナミクスと相手の息づかいや動作などとを調和させるタイミングが必要です。音をわたすことが首尾よく達成されれば，今度は相手の音を受けとるタイミングも容易に予測することができ，円滑な音のやりとりへと発展します。人と人のあいだを行き交う音は，最初はたがいに模倣されながら，そして徐々に，新たな音が加えられたり別の音に置き換えられたりしていきます。はじめのうちは偶然に起こるそうした変化も，やがて，意図をもって音の流れを変えていくやりとりへと発展します。このような現象は，非言語コミュニケーションの回路が順調に開かれていく証しです。

• 創造

　オルフが構想した「創造」の到達点は，音楽とことばと動きの3要素を統合したドラマ，シアターピース，あるいはミュージカルなどです。しかし一般の音楽教育の場面では，指導者はかならずしもこのような作品を仕上げるための舵とりをするわけではありません。それよりも，活動に参加するすべての子どもたちの個性がじゅうぶんに発揮されるような音楽が創造されることをめざします。指導者にとってそれは，ドラマなどの作品の完成を導くよりもむしろむずかしい任務であり，子どもたちが自己の可能性をたえず更新することに対してはたらきかける，いわば完成形のない支援といえます。

　　オルフ＝ムジークテラピィ

　ゲルトルート・オルフ（Orff, G.）[1]は，ミュンヘンの小児センターでさまざまな障害をもつ子どもたちの発達を援助するにあたり，カール・オルフのアプローチに遊戯的な要素を加味した音楽活動を開始しました。その具体例については，『オルフ＝ムジークテラピィ――活動的音楽療法による発達援助』（Orff, 1974, 丸山忠璋訳）という著書にまとめられています。「オルフ＝ムジークテラピィ」という用語は，ゲルトルート・オルフが実践していた子どもへのセラピーについて，当時の小児センター長が名づけたもので，ゲルトルート・オルフが開発した特別な手法を意味するものではありません。

　ゲルトルート・オルフは，ミュージックセラピーの実践者の姿勢について，つぎのように述べています。

　　　子どもを的確に観察する秘訣は，セラピストが自分の心を空にして，子どもを自分の内部に受け入れられるようにすることである。子どもはいろいろな方法で自己を表現し，さまざまな態度をとり，反応し，思いがけないことを行う。セラピストがすすんで子どもを受け入れようとするならば，その子

---

[1] Orff, G.（1915-2000）：カール・オルフの弟子であり夫人。

のどんな言葉，どんな行為をも受け入れるものだ。たとえ不器用のためや，わかったうえでのつじつまの合わない言動で，望ましくないと思うことであってもはねつけないものだ。それはその子を理解させてくれるものとして投げかけられたもの——診断に光を投じてくれるもの——ではないか。(Orff, 1974, 訳書, p. 151)

障害をもつ子どもたちにカール・オルフのアプローチを適用することは，通常の発達を続けている子どもたちを対象にする場合と，その導入の仕方にちがいはありません。ただ，前者の子どもたちに対応する場合には，楽器や声やことばの使い方に，より細やかな注意を払いながら子どもたちの反応を引き出していくことが求められるということです。たとえば，上に見た「ロンド形式」を用いて発達障害の子どもたちと音楽をする際のセラピストの姿勢について，ゲルトルート・オルフが詳しく語っているところをそのまま引用します。

　合奏へとまとめるロンド形式は，音楽的統合を促進する。他者と共に演奏し，一人一人が作品をつくるのに役に立ち，共に始め，共に終る。演奏するときには一定の音量に合わせ，「私」から離れて「私たち」にいっそう近づく。もし少しでも統合した演奏にしようと思うならば，セラピストは美的観点から出発してはならない。一人または大勢が大きすぎる音で演奏することにも寛容な態度を示し，不器用または引っ込み思案による挫折も大目に見るようにする，つまり意見を差しはさまずにそれを理解しなくてはならない。精力的な衝動を鼓舞したりしなくてはならない。一人一人がそれと気づかないで受容するように行うのが，セラピストの勤めである。
　次に求められるのが社会的統合であり，それはリズムや音のアンサンブルの音楽的統合を図る上でも重要な要素である。その一部は，中間部の一人ずつの演奏が入った部分で，音楽的統合を図るあいだに準備される。いわゆるABAのBの部分では，各自は自分の演奏を，前後の合奏，つまりAの部分に直観的に結びつけて作るのである。療法の長短や音符はきめられていな

第 3 章　音楽教育とミュージックセラピー

いので，演奏する人が自分できめなくてはならない。もちろん選ぶという行為が創造的エネルギーを全部使い果さないようにどんな創造的行為も準備する素材に制約がいるのはやむを得ない。個人にとって自由な演奏とは，全体への適応を含んでおり，集団にとっては，一人一人の演奏を受け止め，辛抱し，許容することを意味する。こうして社会的理解は少しずつ発達していく。それを難しいと感じる子もいれば，むしろ易しいと感じる子もいるようだ。この時にいろいろと評言を挿んだり，特定の点に注意を引きつけたりすることは，そのような状況に無意識に没頭することをぶち壊すことになる。(Orff, 1974, 訳書，p. 132)

ゲルトルート・オルフはさらに，ミュージックセラピーが発達障害をもつ子どもたちにとってどのような意味があるかについても明確に示しています。

　集団セッションにおいて，子どもは自分自身に距離をおく感覚を身につけるのである。自分はもう一人だけでもなければ中心でもない。ほかの人たちも居ればほかの物もある。これは嬉しい経験には違いないが苦しい経験でもある。そこに生じる事柄を共有する魅力が，参加する人すべてを平等にする。それがコミュニケーションを成立させ，その魅力が一人一人を結びつける。人間関係は言葉や外見上の手段ではつくられない。(Orff, 1974, 訳書，p. 152)

以上3つのゲルトルート・オルフの言及は，セラピストは子どもの感情や反応のすべてを受けいれることが必要性であることを明らかにしていると同時に，グループとしての音楽活動のなかで，子どもたちをどのように導いていくべきかということも示唆しています。それは，セラピーとしての集団活動において，子どもたちは子どもたちなりの困難や葛藤を抱えなければならず，それを克服していくプロセスをしっかりと見届けていかなければならないという見解であると読みとれます。

オルフの教育理念と楽器との関係

　カール・オルフは，独自の音楽教育理念を掲げ，活動例としての作品を書きあげただけにとどまらず，理念と実践が結びつくために何が必要かということに対する明確な答えを提示しました。それが「オルフ楽器」と呼ばれる，オルフ（以下，オルフは，カール・オルフを指す）が独自に考案し，制作した楽器の数々です。

　オルフはアフリカ各地の民族楽器やインドネシアのガムラン音楽を研究しました。民族音楽の演奏者の声や多種多様な民族楽器から豊かにあふれ出る音は，オルフのエレメンターレ・ムジーク（原初的な音楽）の思想に合致し，かつ，作曲家としてかかわっていたギュンター舞踊団の芸術目標にもなじむものでした。ドラム，クラベス，小型の打楽器類，フィンガーシンバルなどは，すでに舞踊家たちが舞台の上で使っていましたが，オルフは，さらに表現の幅を広げるために，自らの民族楽器研究をもとに新たな楽器を考案していきました。おもなものとして，音盤のひとつひとつがとり外しできるシロフォン（木琴）やメタロフォン（鉄琴），音盤ごとに独立した共鳴箱をもつチャイムバーなどがあります。

　オルフの教育理念と実際の音楽教育との橋渡しをする楽器の数々は，こうした舞台芸術のための創意工夫がもとになって生まれたものです。のちに「オルフ楽器」と呼ばれるようになったこれらの楽器は，演奏するための特別な訓練を必要としない簡素な構造であること，豊かな響きをもつ上質の音が得られること，多様な材質が好奇心と興味を持続させること，楽器同士がたがいに音を邪魔しあうことなく多声的に響きあうこと，といったいくつもの厳格な条件のもとで，現在も製作されています[2]。

　このように，オルフ楽器は，外観，素材，音質ともに妥協を許さずつくられているため，あらゆる場面での音楽活動に適しています。幼児や就学前の子どもたちがはじめて出会う楽器として，また，児童や生徒が学校の授業で合奏す

---

[2] 現在，オルフ楽器の情報については，「スタジオ49」（ドイツの打楽器メーカー）あるいは「鈴木楽器製作所」から入手することができる。

第3章 音楽教育とミュージックセラピー

表3-1 オルフ・インストゥルメンタリウム（Orff instrumentarium）

音盤楽器 　シロフォン：バスシロフォン，アルトシロフォン，ソプラノシロフォン 　メタロフォン：バスメタロフォン，アルトメタロフォン，ソプラノメタロフォン 　グロッケンシュピール：アルトグロッケン，ソプラノグロッケン 　チャイムバー（1音ずつ独立した共鳴箱をもつ） ドラム類の楽器 　バスドラム，ボンゴドラム，コンガドラム，スネアドラム，ハンドドラム，タンバリン，タンブール，ティンパニ，ロータリーティンパニ，タムタム 木製の楽器 　クラベス（拍子木），ウッドブロック，スリットドラム，ギロ，テンプルブロック，マラカス，カバサ，ラットル 金属製の楽器 　ハンギングシンバル，合わせシンバル，フィンガーシンバル，カウベル，スレイベル，リストベル（手首または足首に付けて用いる鈴），トライアングル，ウィンドチャイム その他 　リコーダー，ギター，ヴァイオルなど

出所：Choksy, et al., 1986, 訳書，pp. 151-152より一部改変。

る教材として，とくに欧米では多くの教育現場に備えられています。それにも増して，オルフ楽器は，あらゆる年齢層を対象とするミュージックセラピーの場面で最重要な楽器として位置づけられています。オルフ自身は，障害をもつ子どもたちの教育に従事したことはありません。また，自分が考案したたくさんの種類の楽器が，身体を自在に動かすことが困難な子どもたちや，ことばで気持ちを伝えることに戸惑いをもつ子どもや，あるいはそのような子どもたちを見守る大人たちにまで受けいれられるとは思っていませんでした。しかし，今日，ミュージックセラピーが実践されている世界中の現場では，オルフ楽器がひとつも用意されていない状況は考えられないほどに，オルフの理念が詰め込まれた楽器の数々は広く行きわたっています。

現在，「オルフ楽器」と呼ばれるものは，「オルフ・インストゥルメンタリウム（Orff instrumentarium：オルフ楽器群）」と総称されているものを指します（Choksy, Abramson, Gillespie & Woods, 1986）（表3-1）。したがって，オルフ・インストゥルメンタリウムとして挙げられている楽器のすべてがオルフによって考案されたオリジナルなものというわけではありません。

第4章
ミュージックセラピーにおける即興性

　ミュージックセラピーにおける「ミュージック」は，一般的な「音楽」を指すのではなく，人と人とのあいだで行き交う音のすべてを意味することは，序章で述べたとおりです。本章では，その「ミュージック」というものは，どのように両者のあいだに行き交い，織りあわさって，変化したり発展したりしていくのかについて考えていきます。また，その考察の導き手となる理論として，ダニエル・スターンの小児発達理論をとり上げます。

1　ミュージックセラピーと即興演奏

音楽的な対話

　私たちのこころは，たえず内なる声をもっています。その声は，現実のできごとに対する反応，あるいは欲求や期待を含んでいます。私たちは，その自らの内なる声に耳を澄ませ，自らと対話することによって，適切な行動や思考を導き出していきます。しかし，内なる声は，日常で使うことばのような明確なかたちをもたず，ことばに置き換えられるだけの明快な意味ももっていません。このようなあいまいな声はやがて，受けとめてもらえる相手を求めて外へ向かっていきます。自らのこころの状態を確かめたいとき，私たちは無意識のうちに他者を探そうとするのです。人はみな，他者との関係のなかでこそ自らを知ることができるのだということを確信しています。他者を求めることは，その相手をとおして自分を見つめ直し，自分を深く理解しようとする努力であるといえます。しかし内なる声は明確なかたちや意味を成していないため，ことばのように自己と他者をつなぐものとして機能していません。したがって何か別

の，情緒の交流を可能にする媒体があらわれなくてはなりません。ここで，「ミュージック」こそが，人と人のあいだのコミュニケーションツールとなりうるのです。そこには，音楽による「対話」があらわれます。いにしえよりさまざまな音楽が人びとのあいだで共有されてきたことは，このようなことばによらない人間理解が音楽を通じて自然に成立していたことの証しといえます。

　さて，ミュージックセラピーにおける「音楽的な対話」は，クライエントの発する内なる声としてのミュージックをセラピストがありのまま受けとめることから始まります。セラピストは，そのクライエントの声を映し返すように，しかし新たなミュージックの要素を付加してクライエントに応えます。内なる声の媒体は，明確なかたちや意味をもつ実体に変化する必要がないまま，すなわちミュージックの姿のままでふたりのあいだを行き来するあいだに，たがいに情緒が付与されていきます。それは，ふたりのあいだで紡ぎ出される「物語（ストーリー）」ともいえます。このようにして，言語のやりとりとは質の異なる対話が持続します。音楽による対話のなかでは，セラピストもクライエントも，音の響きや流れをともに感じ，ともに変化させることで，たがいに相手から受けいれられることと，自分が自らを受けいれることを同時に感じることができます。ストー（Storr, A.）は，受けいれられることについて，つぎのように述べています。

　　他人が自分の存在を無条件でありのまま受け入れてくれることを知っていること，それは，みずから自己を受け入れることができるということに等しく，またそれゆえに，本当の自分になることができるということ，自己に固有な人格を実現することができるということに等しい。[1]（Storr, 1960, 訳書, p. 47）

　ここで，「対話」について，その営みの特性をより明確にするために，ナラ

---

(1) 傍点訳書どおり。

第4章 ミュージックセラピーにおける即興性

ティヴセラピー（Narrative Therapy：語りによる心理療法）を参照します。アンダーソン（Anderson, H.）は，ナラティヴセラピーにおけるセラピストは，対話のパートナーとしてクライエントと向きあうことが役目であるとして，つぎのように語っています。

　セラピストはたとえば話の議題を設定したり，その内容や話の結果にある方向性をもたせることで会話をコントロールしない。またセラピストは，変化の方向に対して責任があるわけでもない。そのゴールはその人を引き受けることでも干渉することでもない。対話を容易にすることにゴールがあり，その対話を通して新しい物語や新しい行動，感覚，感情を見出す最善の機会を作ることにある。セラピストは内なる対話（自分自身あるいは想像上の誰かとの静かな個人的会話）と外との会話（他者との声を伴った会話）を促進することを目指している。介入せず権威者として振舞わない姿勢は受け身であるのとは違うし，お人よしを意味するのでもない。それは何でもありとか，セラピストが当てもなく流され影響力をなくすとかでもない。この姿勢においてセラピストはアクティヴではあるものの指示的ではない。セラピストは常にクライエントに影響を与えつづけ，かつ影響を受けつづける。（Anderson, 1997, 訳書, p. 117）

　この叙述から，ナラティヴセラピーの世界では，ことばをとおして人がどのように受けいれられていくのかがわかります。ナラティヴセラピストの対話の姿勢は，ミュージックを媒介にして人とかかわるミュージックセラピーのセラピストがめざす姿勢にそのまま重なります。アンダーソンは，ナラティヴセラピーにおける対話の空間は，「複数の考えや信念や意見を受けいれる思考の空間」であると表現しています（Anderson, 1997, 訳書, p. 142）。ミュージックセラピーにおける対話の空間は，この言及に加えて，ことばにならない感情や葛藤をも受けいれることができる空間といえます。ナラティヴセラピーとミュージックセラピーはまた，対話の空間においてセラピストとクライエントが協同

69

して新しい「物語（ストーリー）」を発展させる点でも重なりあっています。

ミュージックセラピーにおける即興演奏の意味

　クライエントの内なる声やこころ模様は，楽器や声によって「音」としての「ミュージック」となり，セラピストの「ミュージック」によって受けとめられます。行き交う「ミュージック」は，やがて，たがいの情緒を織り込みながら，音の連なりやまとまりのある「音楽」としての「ミュージック」へと発展します。ミュージックセラピーでは，このプロセスを即興演奏（improvisation）と称します。ここでいう即興演奏は，いわゆる伝統的な音楽の分野における即興演奏の意味とは異なります。古典音楽の演奏様式としての即興演奏は，主題となる基本の楽節に対して，演奏者の技量や音楽性により，リズム，メロディ，ハーモニーを自由に発展させて作品を完成させる演奏のことを指します。

　一方，ミュージックセラピーにおいて即興で演奏される音楽は，それと同様の発展原理はあるものの，発展の原動力はセラピストとクライエントの相互作用であり，その主題となるものは，クライエントから発せられるひとつの音や音の連なりです。ときには強迫的な音の連打さえ，主題として採用されます。また，即興演奏の発展の様相は，音楽理論に基づいた構築的なものではなく，セラピストとクライエントの音のやりとりに委ねられます。しかしそれは，オリジナルな「物語（ストーリー）」へと向かっていく自由なものです。つくられていく音楽は，具体的には，打楽器によるシンプルな交互奏や，打楽器とメロディ楽器による二重奏などです。したがって，ミュージックセラピーの場で紡がれていく即興音楽は，鑑賞されたり，第三者から評価を受けたりするものではありません。

　さて，このような即興演奏による音楽的な対話を発展させるためには，日常的になじんでいる音楽の枠にとらわれないこと，つまりセラピストもクライエントも，既存の音楽のイメージから自由になる必要があります。私たちはさまざまなジャンルの音楽を知っており，そのほとんどすべての音楽には安定した構造が備わっています。具体的には，拍子，リズムパターン，フレーズ（リズ

ムやメロディのひと区切り），協和音と不協和音の力動関係，調性，和声進行，楽曲形式といったものです。このような構造のあり方やその機能について，ことばで説明するのはむずかしいようでも，私たちが音楽を「知っている」と感じるときには，構造とその機能を身体レベルで理解しており，さらに，つぎなる構造の展開を無意識に予想しています。反対から見れば，「知っている」音楽はときとして人びとを予測可能な世界のなかに閉じ込めるともいえます。音楽による対話の世界を発展させるためには，まずは音楽の構造から解放されて，予測できない音の動きまでも受けとめる用意がなされていなければなりません。そのことがすなわち，対話のための開かれたこころを準備するということです。

即興演奏の様相

　セラピストとクライエントの相互作用の要素をもつ即興演奏のなかで，もっとも導入しやすい方法のひとつは，セラピストが刻む一定の拍やリズムに重なるように，クライエントが即時に思いついたリズムパターン，あるいはメロディを順々に乗せていくというものです。こうした即興演奏において，クライエントは「シンクロニー（synchrony）[2]」を体験します。クライエントは，シンクロニーの感覚を耳と目で確認することができれば，シンクロニックな動きからの「逸脱」もまた，自分自身で容易に気づくことができます。一定の流れから遅れたり，期待されている動きからずれたりする単純な失敗は，即興演奏においては軽くやりすごされます。このような「こだわらない体験」を蓄積していくことは，独創的なリズムパターンやメロディをつくることを試みたり，いままで触れることのなかった楽器に挑戦するなどの自発性を彼らにあたえます。また，クライエント自らが培う安全な空間のなかでは，自分や他人の失敗に対する無害なコメントが表明されることもあります。クライエントたち自身のこのような積極的な行為をとおして，音楽する空間は最適な治療空間へと整えら

---

[2] シンクロニーについて，Brown, J. と Avstreih, Z. は，「自他の境界を喪失することなく，また，他者の中に融解する感覚を生じることなく，他者に調和的かつ同時的に反応すること」と定義している（Brown & Avstreih, 1989, 邦訳著者）。

れていきます。

　さて、即興演奏を導入する初期の段階では、クライエントは、単調な拍打ち、あるいはリズムやメロディの単純なパターンを延々と鳴らし続けることが見られます。もっとも、このような音の出し方は、年齢を問わず誰もが、たとえば見慣れない民族楽器に触れてみるときの、よくある光景と同じかもしれません。しかし、クライエントの音の大きさやパターンの持続は、しばしば強迫的になる傾向があります。ミュージックセラピーでは、音楽的な対話を始める第一歩として、クライエントのこの半ば自動的ともいえる音の出し方を「より自由な語調」をもつ演奏へと移行させます。音楽構造の枠をとり払うことは、クライエントの身体の動きを解放することでもあります。クライエントは音楽の決まりごとなどにとらわれることなく、自らのこころが感じるままに、自分の息づかいとともに音を発することを体験します。その体験をとおしてはじめて、セラピストの息づかいやこころの状態にも気づき、セラピストとの真の対話を開始することができるのです。

　一方、即興演奏の導入期には、音をまばらに発するのみで、演奏すること自体に戸惑っている様子のクライエントに出会うこともあります。このような場合、セラピストはクライエントの散逸的な音を受けとめつつ、強弱のコントラストや休止（無音）を交えた、やや規則的な音の連なりで呼応することによってクライエントの音を支えていきます。浮遊するようなクライエントの音は、セラピストの音のダイナミクスと相まって、やがて拍子やリズムの構造が自然にあらわれるようになります。人間の奥深くに内在する律動（パルス）が動き出すことにより、音が構造化していくのです。このような反応はまた、セラピストとクライエントの相互作用がより洗練されて、調和や協働性が生まれる土台ともなります。

　ここで、上述のような初期の即興演奏の様相を具体的に例示してみます。事例はセラピストとしての著者の経験に基づいたものです。

　精神科の治療を受けている成人男性Aさんは、いつもコンガで破壊的なほどの大きな音を出します。力まかせで両手を交互に使い、ダダン・ダダン・ダ

第4章　ミュージックセラピーにおける即興性

ダンという単調で荒っぽい音を響かせます。まるで自分の周囲に音の壁を築いているかのようです。一方，同じグループの女性Bさんは，いつも小さな楽器を選び，なおかつきわめてか細い音を発するだけで精いっぱいの様子です。ぽつり，ぽつりと断片的にあらわれる音は，Bさんのふだんの行動をそのまま反映するような，確信のもてない響きがします。AさんとBさんの表現の仕方はまったく異なりますが，いずれの音もそれぞれの不安な気持ちをあらわしています。Aさんに音を静かに出すように早急に方向づけることも，Bさんにもっとしっかり音を出すように励ますことも，それぞれの気持ちの自由な動きを塞いでしまうことになります。セラピストはまず，このような音の表現をすべて受けいれ，Aさんの場合には，Aさんのコンガとまったく異質な音，すなわち，メタロフォンやシンバルなどの金属的な音を選んで，ゆっくりと音数少なくAさんの音にあわせていきました。コンガの音質と音の勢いのどちらをも妨害しないように，かつ，セラピストの音がAさんの耳に確実に届きうるような状況ができると，Aさんは，誰も自分の行為に侵入してくることがないことを確信し，次第に落ち着いて音を出せるようになりました。一方，Bさんとともに音楽を発展させるときには，セラピストもなるべく小さく柔らかい音の出る楽器を選び，Bさんの音の特性に調和するようにして音の対話を始めることにしました。セラピストがBさんの音を「問いかけ」に見立て，それに応えるようなタイミングで音を出すと，Bさんはセラピストの音に注意深く耳を傾けて，たがいの音が連鎖していくために自分の音はどのようなものがふさわしいかを徐々に考えていけるようになりました。AさんもBさんも，セラピストの音への気づきとともに，自分の演奏の仕方を自らで統制できるようになったのです。

　このように，即興的なかかわりのなかで，セラピストの音が脅威的なものでないことが了解されると，同種の音質をもつ楽器同士による合奏も可能になります。たとえばセラピストとクライエントがともにドラムを交互に打ち鳴らして音の掛けあいを続けるといったようなことです。そこでは，相手に番を譲るときには，余韻のある音を残すか，あるいは休止する（休符を入れる）ことに

よって句点を打ち，相手の出番を誘い出すことを体験します。さらに，安定した拍の流れがクライエントの奥底に定着すると，クライエントは自らの力だけで躍動的なリズムパターンをつくり出すこともできます。リズムに乗った演奏とはそのようなものです。

即興演奏におけるパートナーシップ

ミュージックセラピーにおける即興演奏は，セラピストとクライエントの相互作用による生きた体験としての音楽つくりです。セラピストの音とクライエントの音が即時に絡みあい，紡がれていく様相には，両者がたがいにパートナーとして認めあい，関係を発展させようとする意志が反映されます。

ミュージックセラピーにおけるセラピストとクライエントは，音楽的には対等の関係にあることは先にも述べたとおりです。対等な関係というのは，言い換えると，リーダーシップとフォロアーシップが柔軟に交代する関係にあるということです。これは，日常生活において，私たちが良好な人間関係を維持しているときの姿でもあります。均衡のとれたリーダーシップとフォロアーシップが存在する二者関係は，パートナーシップと称することができます。即興演奏は，クライエントがセラピストを対象者としてパートナーシップとはどういうものであるかを考え，かつ，自らの力でパートナーシップを築くことを学ぶ機会となります。セラピストと同じリズムパターンをそのまま模倣したり，セラピストの音にあわせた拍を打ち続けるなど，クライエントがつねにセラピストのフォロアー（追随者）となっている状態や，反対に，セラピストがクライエントの音楽や動きを拾うことに徹して，セラピストの側がつねにクライエントを追随するような状況では，真の相互作用は発展しません。

即興演奏における退行

即興演奏の導入は，クライエントが大人である場合ほど抵抗にあうことが多いものです。ある年代以上の人びとはすでに，音楽に対する好みや価値観をはっきりともっています。また日常生活のなかでも，それぞれ自分なりの仕方で

音楽を享受しています。このことは，即興演奏という未知の音楽に近づくことへの躊躇や拒否につながりやすいといえます。とくに，特定の音楽ジャンルや音楽様式に対する強すぎるほどの思い入れをもつクライエントは，自分の小さな文化を固守することによって，他者の侵入から自分自身を守っているのかもしれません。このようなクライエントに対して，既存の音楽の構造にとらわれないで即興的に音を出すように方向づけることは容易ではありません。しかしこうした状況においてもなおかつ，即興演奏を試みることの有効性は，一時的かつ健康的な退行を発動させることにあります。気のおもむくままに音を駆使するように方向づけることは，情緒的に退行するクライエントをセラピストが支え，セラピストもクライエントとともに音で遊ぶことによって，クライエントは自我機能を一時的に休息させることができます。このような退行は，クライエントに新たな自我エネルギーを供給して，新しい人間関係や環境への適応に向かって動き出す原動力となるのです。

高齢者と即興演奏

　高齢者を対象とするミュージックセラピーにおいても，即興演奏は大きな役割を果たします。たとえば，好みの楽器を選択することによって，あるいはセラピストとよいパートナーシップを築くことによって，人びとは，自分の日常に対してふたたび積極的にかかわっていくきっかけを得ることができます。

　一般に，明快な拍子やリズムのある音楽をつくることは，活動に貢献している実感をもたらします。導入しやすい活動の例として，打楽器を使ったセラピストとの交互奏や同時奏，あるいはセラピストのゆるやかな伴奏にあわせた，音数の少ないメロディ即興などが考えられます（譜例4-1）。一方，はっきりとした拍子やリズムがない即興演奏は，不安や当惑を引き起こす可能性があります。もっとも，音楽する空間にはまちがいや失敗というものが存在しないのだということをクライエントが了解すれば，心地よい音が穏やかに漂うような演奏をうながすことができます。そこでは，さまざまな感情の状態を共有できるだけでなく，ときには一種のカタルシスを経験することも可能です。

譜例 4-1　チャイムバーによる二重奏の例

2　先達たちの即興演奏

　本節では，アルヴァン（Alvin, J.），およびノードフ（Nordoff, P.）とロビンズ（Robbins, C.）による即興演奏の様相を概観します。現代のミュージックセラピーの基礎を築いてきた先達たちが，セラピストとしていかにクライエントと音楽的な対話を大切にしていたかがうかがわれます。

アルヴァンの「自由即興」

　ジュリエット・アルヴァンが実践した即興演奏の形態は，「自由即興（free improvisation）」と呼ばれています。自由即興の特徴は，リズム，メロディ，ハーモニーといった，音楽の諸要素を積極的に排除して，「音」そのものが自発的にあらわれ出るプロセスを味わうことにあります。すなわち，セラピストとクライエントがたがいに相手から発する音に集中し，音楽構造の枠にまったくとらわれずに音のやりとりを重ねていくのがねらいです。いわば，ミュージックセラピーにおける即興演奏のプロトタイプです。アルヴァンは，こうしたかかわり方の重要性について，自閉症児との交流をとおしてつぎのように述べています。

第4章　ミュージックセラピーにおける即興性

　私は音楽の経験を通して子どもが自分自身の内なる創造性に気づくのを助け，また美しい音，荒々しい音，耳障りな音，消え入りそうな音などあらゆるタイプの音を使って自分自身を表現するのを助けたいと思った。言い換えると自閉症の子にとって音楽という名の国が自分だけの世界から出てくるための通り道となってほしい，というのが私の願いである。(Alvin, 1978, 訳書, p. 16-17)

　アルヴァンの自由即興には，クライエントの内面にある創造性の芽をそのままのかたちで受容しようとする意図があります。セラピストはまず，クライエントから発せられる音の連なりを音楽構造のなかにあえて組み込まないようにすることによって，時間の流れに縛られない空間をつくります。アルヴァンは，構造から解き放たれた音の，その色あいや密度が変化することをクライエントに気づかせます。アルヴァンはとくにこのプロセスをゆっくり待つことを大切にしたと思われます。
　自由に漂う音はやがて，両者の内的な律動からエネルギーを得て，連続や反復といった秩序のある動きを開始します。ここにおいて，セラピストとクライエントは時間の流れを共有し，拍子やリズムの構造をもつ音楽を協働してつくることへ移行することも可能になります。構造をもつ音楽への移行は，予測や確認をともなう音楽的な「会話」となります。他方，構造から解き放たれたままの音楽が比較的長く持続する場合，その音楽は「自由なおはなし」となり，想像の世界をより大きく広げることになります。
　アルヴァンはさらに，音を出さないことの大切さについても言及しています。私たちがふだんの会話のなかで，ことばの響きの余韻や沈黙の静けさを味わうことによっていっそうたがいの理解が深まるのを感じることがあるのと同様に，音楽による対話においても，音が無いことには大きな意味があるのです。

　無音状態または沈黙もリズムの一部である。音を出したり止めたりするということは，時間と空間の制約のもとで手足や体を動かすということであり，

それができなければリズムはなりたたない。リズムには，知的な努力も求められるのである。とくに，そのリズムが，いつもの決まりきったパターンのものでないときには，意識的な努力が必要になる。他の人といっしょにリズムのパターンを演奏しているときは，自分が音を出すのをやめ，他の人の出す音を聞くことができなくてはならない。こうして，自閉症の子にも社会化が始まる。(Alvin, 1978, 訳書, p. 47)

即興演奏から生まれる無音のなかには，耳に届く音は無くても，人と人とをつなぐリズムが存在します。クライエントは「無音のリズム」を全身で感じることを体得することによって，他者との関係を強めていく方法をまたひとつ増やすことができるのです。無という状況や沈黙については，第8章であらためて考察します。

ノードフとロビンズの「臨床即興」

もともと作曲家であったポール・ノードフと音楽教育家のクライヴ・ロビンズが偶然に出会い，子どもを対象としたミュージックセラピーとして協同で発展させた即興演奏モデルは，「臨床即興（clinical improvisation）」と呼ばれています。彼らの独創的な点は，セラピーそのものをふたりが協同で実践したことにあります。ノードフは，子どもの身体の動きや子どもが発する声や楽器の音に対して，終始ピアノで応答しました。子どもと交代で音をやりとりするときもあれば，ピアノの音を子どもの声や音に重ねて伴奏することにより，彼らに寄り添うように音楽を発展させることもありました。ことばを使ったコミュニケーションは極力控えるようにし，子どもを受容していることもピアノの音をとおして彼らに伝えるようにしました。一方，ロビンズは，たえず子どもの傍らにいて，一挙一動を見守りながら，つぎなる子どもの行動を予測し，子どもがより容易に音楽的な表現ができるよう，さまざまなはたらきかけを行いました。そのはたらきかけは，たいていは子ども自身は気づかないほどさりげないサポートでした。たとえば，ドラムを叩きやすくなるように，ドラムの天面の

角度をほんの少し傾けたり，子どもの手にすでに収まっているスティックを少し引き出して握る位置をずらし，叩く力が効果的に作用するよう気遣ったりするといったことです。ふたりのセラピストがペアを組んでクライエントに対応するこの形態は，以後，「ノードフ・ロビンズアプローチ」として受け継がれています。またその対象は，小児だけでなく，高齢者をも含むあらゆる年齢層のクライエントに広がり，さらにはグループセラピーにも適用されることもあります。

しかしこのアプローチにはむずかしい側面があります。たとえば，ふたりのセラピストがどのように意思疎通を図って，セラピーの展開や方向性を即時に決定していくのか，また，クライエントがふたりのセラピストに同時になじんでいけるよう，どのように工夫していくかといった点です。実際に，このアプローチの意義や有効性をじゅうぶんに理解した上でセラピーを行うには，特別な訓練を必要とします。もっとも，ノードフとロビンズの，子どもとのかかわりのプロセスにおける音楽の使い方は明快であり，それらは，セラピストが単独でクライエントとかかわる一般的なミュージックセラピーの状況でも参考となる普遍性を備えています。

ノードフとロビンズは，子どもと受容的にかかわりながら，子どもの音楽的源泉，すなわち生来の音楽性をはぐくむことをセラピーの要に据えました。彼らは，人間の内面に備わるこの音楽的な源泉をミュージックチャイルド（music child）と称しています（Nordoff & Robbins, 1977）。ミュージックチャイルドは，音楽を受容し，認知し，表現することにかかわる能力の統合体と想定される概念です。チャイルドという表現が使われてはいますが，ミュージックチャイルドは子どもだけに備わっているものではなく，大人になっても失われることなしに，誰もが生涯にわたって携えている人間の基本的な特性としての意味をもっています。

ノードフとロビンズは，障害をもつ子どものミュージックチャイルドは往々にして眠っている状態であるとみなしました。したがって，そのミュージックチャイルドを目覚めさせることによって，子どもは，周囲の事象と自発的に関

係をとり結び，思考，感情，意思の3つの自我機能を発達させることができると考えたのです。このようなことから，ノードフとロビンズは，子どもが音楽をとおしてさまざまな能力を向上させる目標を設定するよりもまず，子どもとともに展開する音楽活動そのものに最大の意義を置きました。この姿勢は，現在では，「音楽中心音楽療法」という概念に引き継がれていると思われます（「音楽中心音楽療法」については終章参照）。

　子どもは，音のやりとりによって元気づけられたり勇気づけられたり，あるいはなぐさめられたりします。子どもは，大人と音楽的な対話をすることによって，自分のこころにも語りかけていくようになります。ノードフとロビンズは，臨床即興におけるセラピストを，子どもが音楽と関係をもつことを促進する仲介者として位置づけています。ブルーシャ（Bruscia, K. E.）は，ノードフとロビンズのモデルにおけるセラピストとクライエントの関係を整理し，3つのレベルにまとめています（Bruscia, 1987）。第1は，セラピストはクライエントの遊びのパートナーであり，両者がたがいに「活動の仲間となる関係（'activity' relationship）」，第2は，セラピストはクライエントに音楽表現の手本を示す，あるいは教師や援助者としての「役割を担う関係（'working' relationship）」，そして第3は，両者が情緒的な絆を深め，音楽の文脈を超えて「たがいにかけがえのない相手となる関係（'uniquely personal' relationship）」というものです。以下のノードフとロビンズの言及は，これらの関係のすべてをあらわしています。

　　臨床の場面では，セラピスト自身が音楽的反応の中心になり，セラピストの指が楽器から弾き出す音楽は，子どもについての印象から生れるのである。顔の表情，まなざし，姿勢，行動，状態——これらのすべてが目前に置かれた存在を表現しており，音楽はその存在を反映し，その存在を満たそうとしているのである。セラピストの演奏の柔軟性は，その子のために接触領域を探し出し，接触という情動的な実体を創造し，相互活動のための音楽的な基盤を固める。セラピストは，テンポやリズムや休止など演奏上のタイミング

を通して，注意深く子どもの活動を追い，リードし，追う。セラピストは子どもの活動の領域と意味のなかに入り，その活動がになう体験を支える。演奏で歌うセラピストの音楽的な表現力が，子どもたちの巻き込みを助けるのである。

　セラピストの創造する主題と音楽的語法は，セッションの回数が進むにつれて発展し，子どもの活動の拡大につれて変形する。セラピストの即興は，変形する子どもの反応にたえず応えなければならないので，伝統的な音楽形式のいかなる制限からも解放される。それでも，あらかじめ考えたり予想することのできないある音楽的な構造が，セッションを継続するにつれて現われてくる。この構造は子どもが進歩していく進路や内容によって創造されたものなのである。セラピストが，子どもをリードしたり後を追ったりしながら，子どもを新しい自己表現の領域へ，新しい自由の発見へと導くにつれて，子どもの喜びはセラピストの喜びになり，子どもの達成はセラピストの達成になる。音楽を作る創造的な努力のなかで築かれる，子どもたちの自らを創造する自己とセラピストとの関係が，セラピスト自身の音楽的な特質と——それにともなう音楽の芸術に——全く新しい道徳的なリアリティを与えるのである。(Nordoff & Robbins, 1971, 訳書, pp. 177-178)

　以上の叙述には，先に見たアルヴァンの自由即興と同様に，形式や構造のない音の連なりが，子どもに内在する律動に支えられながら徐々に構造を帯びはじめる様子が垣間見えます。また，ノードフとロビンズのアプローチにおいても，子どもは，音楽的な構造のない状態でのセラピストとの音のやりとりを「自由なおはなし」としてじゅうぶんに楽しみ，その後，予測や確認といった作業をともなう構造的な音楽へと移行することにより，セラピストといわば対等に「会話をする」ことへと進んでいきます。

3 スターンの小児発達理論とミュージックセラピー

　ここでは，ダニエル・スターン（Stern, D. N.）の小児発達理論をもとに，ことばを介さない母子の調和的な交流と，セラピストとクライエントの音をとおした相互作用とを照らしあわせることにより，ミュージックセラピーにおける音のやりとりや即興演奏の意味を深めていきます。

4つの自己感
　スターンは，言語交流以前の母子相互作用を観察することをとおして発達理論を構築し，健全なこころの発達は乳児と母親の情緒的な調和から始まることを明らかにしました。それは，母子間における前言語的，非言語的な交流がいかに人格形成に重要であるかを示しています。
　スターンは，人間は自己に対する明確な意識をもつ以前から，すなわち誕生直後から，「自己感」を有していることを想定しています。スターンは，発達期において達成される自己感を，「新生自己感（sense of an emergent self）」，「中核自己感（sense of a core self）」，「主観的自己感（sense of a subjective self）」，「言語自己感（sense of a verbal self）」，の4つに分類しました。スターンが想定する自己感は，他から区別された，一個の，均衡のとれた肉体としての感覚という意味です。「感（sense）」は，直接的な体験レベルとしての単純な意識を指しています（Stern, 1985）。
　これら4つの自己感は，いずれもしかるべき時期にひとたび形成されると，自己を体験し続ける機能として存続します（図4-1）。つまり4つの自己感のそれぞれは，順に入れ替わってあらわれるのではなく，成長とともに積み上げられていくものです。
　・新生自己感と生気情動
　乳児は，誕生直後から「新生自己感」をはたらかせることにより，自己は外界から分化されたひとつの実体であることを認識します。この現象について，

第4章　ミュージックセラピーにおける即興性

図4-1　自己感の発達

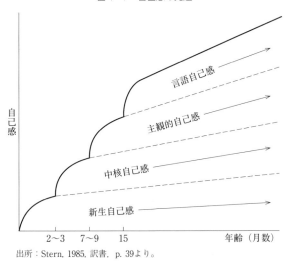

出所：Stern, 1985, 訳書, p. 39より。

　オグデン（Ogden, T. H.）は，乳児と母親のあいだには，人生の第1日目から活発な「対話」があると解釈しています（Ogden, 1986）。
　スターンの理論における重要な概念のひとつに，生得的かつ普遍的な能力としての「無様式知覚（amodal perception）」があります。乳児は，外界の情報を特定の知覚属性によって体験するのではなく，強さや長さや輪郭といった抽象的な表象として受けとめます。すなわち無様式知覚とは，目の前の事物やその動きを個別的，具体的に知覚するのではなく，それぞれの属性や様式を超えて感じとるということです。たとえば，聴覚から得た大きな音と嗅覚から得た強い匂いは，強度の高いものという，同じ抽象的な情報として受けとられます。これは，乳児のばらばらな体験を組織化するプロセスでもあり，この組織化の体験そのものが新生自己感であると考えられています。
　スターンはまた，無様式知覚との関連から，乳児の情動を「生気情動（vitality affect）」と称しています。

　　乳児が体験する社会という世界は，公的な行動の世界である以前に，根本

83

的には生気情動の世界なのです。しかも，それは無様式知覚という物理的世界に類似しており，基本的には，形，数，強さのレベルといった抽象化できる特性の世界であって，目に見え，耳に聞こえ，触れることのできる物の世界ではないのです。(Stern, 1985, 訳書, p. 68)

生気情動とは，動的，連続的な性質をもち，喜び，悲しみ，恐れ，怒りといったようなことばで分類してあらわすことができない情動のことを指します。したがって生気情動は，乳児に特有のものではなく，人間が生涯にわたってもちあわせている感情でもあります。たとえば私たちは，嬉しいということばでは含みきれない気持ちを，「はじけるような」「あふれるような」「舞い上がるような」といった比喩的な表現であらわします。生命体が生き生きと動く瞬間や，生きている証しとしての連続的な変化は，このようにしか表現のしようがないのです。生気情動は，人間の根源的な情動であるといえます。

- 中核自己感

乳児は，新生自己感をはたらかせて体験の組織化に専心する時期から，やがて「中核自己感」の段階に移っていきます。中核自己感は，生後2-6か月に形成されます。乳児は，自らの発動性や時間の連続性の感覚を獲得し，自分がひとつのまとまりのある身体を有している感覚をもちます。

この時期において，乳児は，自分と母親とは身体的に別々であり，それゆえに情緒的な体験もそれぞれに異なっていることを感じるようになります。このような感覚は，母子の身体接触としてのかかわりにおいてとくに強化されます。たとえば，母親が子どもの顔をくり返しのぞき込んだり，子どもの身体をくすぐったりするとき，あたえる刺激に少しずつバリエーションを加えていくと，母親から発せられるその適度な目新しさのゆえに，乳児の興味と熱中は持続します。乳児は，基本的には同一の状況のなかで起こる小さな変化を何度も受けとることにより，自己の身体性を確認し，同時に，対峙する他者としての母親の存在をも了解していきます。

- 主観的自己感と情動調律

「主観的自己感」は，乳児が自分自身にこころがあるのと同じように他者にもこころがあるということを「発見する」感覚で，生後15か月ぐらいまでに形成されます。中核的自己感のもとでは，乳児は母親とは別個の身体や情動をもつことを了解していますが，主観的自己感においては，身体的事象の背後に隠れている感情，動機，意図にも気づかれます。乳児と母親は，たがいの気持ちを読みとったり，たがいのこころの状態に調和したりすることができるようになります。さらには，乳児はこうしたできごとを「こころに留める」こともできます。

主観的自己感の発動によるこのような母子間の関係について，スターンは3つの「間主観性」から説明しています。第1は，注意の的を共有する能力としての「間注意性」で，乳児が指さしをするしぐさや，母親の視線の先を自分の目で追う行為に代表されるものです。第2の，意図を共有する能力としての「間意図性」は，意図や動機が他者のものであることがわかり，他者のこころのなかを推測あるいは理解することを促進するものです。第3の，感情状態を共有する能力としての「間情動性」は，他者には個別の感情状態が存在することを了解し，自分が体験している感情状態と共鳴しあう関係をつくるものです。

パヴリチェヴィックは，母親と乳児の間主観的な関係について，たがいに相手を主導し，相手を補い，相手に反応するという，きわめて流動的で親密な「ダンス」と表現しています（Pavlicevic, 1990）。

スターンはさらに，乳児と母親が間主観性を確立するにあたって，「情動調律（affect attunement）」という概念を提唱しました。情動調律は，「内的状態の行動による表現系をそのまま模倣することなしに，共有された情動状態がどんな性質のものか表現する行動をとること」と説明されています（Stern, 1985, 訳書, p. 166）。この言及から，模倣と調律とは異なることがわかります。模倣は，相手の行動のかたちに注意を向けることによってなしえる「行動形式の共有」であるのに対して，調律は，行動の背後にある感情に注意を向けることによって生起する「内的状態の共有」なのです。スターンは，「もし，文字通りの模倣によってしか主観的な情動共有を示せないとすれば，模倣の氾濫騒ぎとなっ

てしまうのがおちでしょう。そうなると，情動的に反応した行動は，滑稽に，おそらくロボットのようにさえ見えてしまうでしょう」と表現しています (Stern, 1985, 訳書, p. 166)。

情動調律の例として，スターンは以下のようなエピソードを挙げています。

　生後9か月の男の子が，母親と向かい合って座っている。手にはガラガラを握り，楽しそうに，ふざけながらそれを振り回す。それを見ながら母親は，息子の腕の動きに合わせうなずき始める。(Stern, 1985, 訳書, p. 165)

　生後10か月になる女の子が，ジグソーパズルの1枚をやっとはめ込むことができた。彼女は母親の方を見て，頭を振り上げ，腕をバタバタさせ，喜びのあまり興奮して，今にも体を投げ出しそう。母親はそれに対し，"YES, いい子ね"という。この時，"YES"の方を特に強調する。飛び上がりそうなその子のしぐさや姿勢と呼応して，突然飛び上がる感じで。(Stern, 1985, 訳書, p. 165)

スターンはさらに，「新生自己感」の段階からあらわれている「無様式知覚」の明快な説明とともに，母子間の情動調律についてつぎのように述べています。

　調律がうまくいくためには，異なった形式や知覚様式で起こるいろいろな行動表現が，何らかの形で相互に交換可能でなくてはなりません。乳児の特定の感嘆の声と，母親の特定の身振りとが"相応する"とすれば，これら2つの表現は共通の通貨 currency をもち，一方から他方へと移動できるものであるにちがいありません。そしてこの共通の通貨は，無様式の特性を有します。

　強さ，形，時間，動き，数。これらの特性は，ほとんどあらゆる知覚様式に共通し，刺激世界の不変的特性から，どの知覚様式を通じても抽出され得，かつ他の知覚様式へと翻訳され得るものです。たとえば"長―短（―― ―)"

のようなリズムは，視覚，聴覚，嗅覚，触覚，味覚のいずれからも得られますし，抽出もされます。ですから，リズムは，それを受け取るただ1つの特定の知覚様式と堅く結びついているというよりむしろ，十分抽象的で様式を超えて移送され得るような形で心のどこかに存在しているはずです。私たちが知覚的に統一された世界を体験できるのも，このような無様式を特性とする抽象表象があるからなのです。(Stern, 1985, 訳書，p. 177)

以上から明らかなことは，「新生自己感」の段階では，外部からの刺激を受けとって自己組織化を促進するために作動する無様式知覚が，この段階においては，他者とたがいの内的状態を共有し，さらにそれらを伝達するために，他者に向かって作動しているということです。

• 言語自己感

第4の段階である「言語自己感」は文字どおり，言語を理解し発する能力に基づく自己感のことをいいます。言語自己感の発動により，子どもは他者と共有する言語をとおして自己を客観的にとらえ，情緒や意思を言語の上に映し出すことにより，他者との絆をさらに確かなものにしていきます。

生気情動の調律とミュージックセラピー

生気情動の調律とミュージックセラピーとの関連について，つぎのスターンの言及に導かれながら考えていきます。

　生気は調律の主題として理想的です。なぜなら，それは強さや時間といった無様式特性から構成されているからであり，しかも私たちがとるありとあらゆる行動に随伴し，かつ（変化はするものの）常に調律の主題として存在するからです。（中略）生気情動を追跡し，調律することによって，私たちはほぼ連続的に相手の内的体験と思われるものを共有し，その結果，他者と"共にある"ことができます。これこそまさに感情的につながっている体験，言い換えれば，他者と調律し合っている体験にほかなりません。(Stern,

1985, 訳書, pp. 182-183)

　パヴリチェヴィックは，ミュージックセラピーにおいて，生気情動がセラピストとクライエントに共有される音に変換される生気情動をダイナミックフォーム（dynamic form）と称しています（Pavlicevic, 1990）。ダイナミックフォームは，クライエントとセラピストのあいだで調律されながら変化し，音楽的なものと情緒的なものとのあいだを行き来します。ダイナミックフォームが新たな情動を呼び起こし，同時に新たな音楽をかたちづくるなかで，それらのダイナミックフォームはやがて，セラピストとクライエントのどちらに属するものでもなくなる状態になります。またその空間においては，情緒的であることと音楽的であることとが同じひとつの現象となります。しかもその二側面は融解してしまうのではなく，セラピストとクライエントは，顕在化した情緒としての音楽を「聞きとる」ことも，たがいの音楽のなかに存在する情緒的側面を「読みとる」こともできます。ダイナミックフォームは，セラピストかクライエントのいずれに属しているかは問われることなく，また，音楽に属するものか情動に属するものかを問われることもなく，間主観性の世界を広げていきます。

　このように，セラピストとクライエントが音楽をつくることをとおして間主観的な関係を築くことができていれば，一時的に相手をたがいに「読みちがえたり」「波長がずれたり」することがあっても，情緒的には安全な基盤をなんら失うことなく，それらを音楽的な変奏として，どちらもがその不一致のスリルを楽しむことさえできます。間主観的な状況のなかでは，内的状態はたがいに共鳴しあっているので，セラピストもクライエントも互いに対等な立場で相手に反応します。テンポ，ダイナミクス（音の強弱），音の高さなどの変化に柔軟性があらわれ，音の世界のなかで深いかかわりを発展させます。そして究極的には，ランガーがいうところの，「音楽はわれわれの感じたこともない感情と気分を，われわれが以前知らなかった情念を示すことができる」（Langer, 1942, 訳書, p. 270）体験へと入っていきます。

第4章　ミュージックセラピーにおける即興性

　以上に見るとおり，ミュージックセラピーにおける即興演奏は，生気情動としての音を調律しながら，音楽を協働的に創造する営みです。これを情緒の象徴化のプロセスと考えると，セラピストとクライエントはきわめて独創的な芸術体験を共有しているといえます。

　一方，スターンは，調律されたことのない乳児の感情状態は，対人間で共有可能な体験の脈絡から孤立し，隔離されたものになるといいます。同じように，クライエントのダイナミックフォームがセラピストによって調律されないか，あるいは調律の度合いが過小であったり過大であったりする場合には，クライエントの内的体験は他者との関係を失い，無効になっていきます。たとえば，セラピストがクライエントのダイナミックフォームに対して過度に調律すると，クライエントはセラピストに依存し，セラピストのダイナミックフォームに奉仕してしまいます。一見まとまりのある音楽が生まれてくるものの，現実にはクライエントのダイナミックフォームは行き場を閉ざされ，埋没していきます。反対に，クライエントのダイナミックフォームに対する調律が過小である場合には，クライエントはそれ以前に共有してきた情緒体験をも否定し，セラピストに信頼をおかない行動をとる可能性があります。

調律現象としてのマッチング

　スターンはまた，調律の現象を示唆するものとして，調律のもとになる「行動のマッチング」の特性について言及し，それを，強さ，タイミング，かたちの3つの次元をもつ6つのタイプに分類しています。

1．絶対的強度：母親の行動の強さのレベルが，その行動の様式や形式にかかわらず，乳児のそれと一致する。
2．強度の輪郭：継続的な強さの変化がマッチする。
3．時間の刻み：時間的に規則正しい拍子打ちがマッチする。
4．リズム：脈動のパターンがマッチする。
5．持続時間：行動の持続時間がマッチする。（中略）持続時間のマッチそ

れ自体は，調律を定義する十分な条件とはならない。というのは，乳児／母親に見られる一連の反応は，それが調律でなくても持続時間のマッチングを示すことがあまりに多いからである。

6．形：異なる動きから抽出，描写される行動の空間的特徴がマッチする。（中略）ここでいう形 shape とは，必ずしも同じ形式 form ということではない。同じ形式をとれば，模倣になってしまう。

(Stern, 1985, 訳書，p. 171，一部省略)

ミュージックセラピーにおけるマッチング

ミュージックセラピーの実際の場面におけるマッチングの現象と，それらの現象を相互作用に移行するためのセラピストのはたらきかけについて，著者の臨床経験をもとにした3つのスケッチから考えていきます。

- スケッチ1：C児の場合

自閉傾向のある幼稚園児Cくんは，床の上に置いてある大きなドラムをスティックで叩くのが大好きです。音を楽しむというより，ドラムをたたくと同時に手のひらにはね返ってくる，くすぐるような振動の感触を気に入っています。セラピストは，Cのドラム打ちに対して，Cの音と交互になるように「ブルルン」という声で応答します。Cは最初のうち，セラピストの交互奏的な応答の仕方はもちろん，セラピストの声そのものにも気づかない様子で，ドラム奏から受ける振動に専心していました。しかし，セラピストがあるタイミングで「ブルルン」というのをやめたとき，Cはにわかに手を止め，不思議そうな表情でセラピストの顔をのぞき込みました。

Cのドラム打ちとセラピストの発声は，絶対的強度，時間の刻み，かたち，においてマッチングしています。すなわち，ドラム音の勢いはそのままセラピストの発声の強さと合致しています。また，Cの比較的安定したテンポでのドラム打ちの1音1音と，そのあいだをくぐるようにして発するセラピストの声は，ほぼ規則正しい拍を交代で刻むという点で，時間的にマッチしています。さらに，Cの手にスティックから伝わってくる振動とセラピストの「ブルル

ン」という声は，かたちの上でもマッチングしているといえます。

　セラピーとしてのかかわりにおいては，このマッチングしている状況をあえて変化させます。セラピストは，安定した状態からの適度な逸脱をクライエントに経験させ，クライエントが新しい状況に気づいて対応できる力を獲得するようにはたらきかけるのです。それはまた，セラピストとの関係を更新する契機ともなります。セラピストが発声するのをやめたとき，Cはすぐそれに気づいて自分もドラムを打つのをやめました。これは，Cなりの精いっぱいの状況適応です。さらに，Cがはじめてセラピストの顔をのぞき込んだ反応は，自閉傾向に特有な視線あわせのあいまいさからすると，新規な状況への対応としては最高度のものです。Cにとって脅威であるはずの視線あわせが，C自身の内発的要求から自然にあらわれたことは，Cの情緒（＝不思議に思うこと，あるいは不安になること）と行動（＝人の表情をうかがって解決の方法を模索すること）のリンクが形成されたことを示しています。

- スケッチ2：D児の場合

　知的障害と自閉傾向のある小学1年生のDくんは，ピアノを弾くのが好きで，ピアノの前では，他の楽器に接するときよりも集中する時間が長くなります。Dは右手の人さし指1本であちこちの鍵盤をおさえます。自分の手の動きを1回1回確かめるようにしてゆっくり音を選ぶこともあれば，指をできるだけ速く移動させることに挑戦するかのように，文字どおり手あたり次第に音をせわしく出すこともあります。いずれにしても，Dのピアノへの専心は，ピアノの音を味わうというより，指の運動を自己刺激的に楽しんでいることで成り立っている様子です。あるとき，Dの横に並んで座っていたセラピストは，Dのピアノを弾く動作が遅く単調になり始めていたことから，ピアノのペダルを踏んでDが鳴らす音に余韻が残るように仕向けました。Dは，自分が手を離しても鳴り続ける音に即座に気づき，手の動きを止めて，戸惑った表情を見せました。それからまたひとつ，音を出すことを試しました。鳴った音はやはりなかなか消えていきません。続けていくつかの音を人さし指で鳴らしたあと，Dはやや混乱した様子で，手のひら全体で鍵盤を押しつけるように

してクラスター音(3)を鳴らし始めました。しかしやがて、音の余韻がさらに長びくことにあきらめた面持ちで、Dの反応は、その余韻に聞き入る行為へと変わっていきました。そしてほどなく、セラピストか自分かどちらが長く最後までピアノの余韻を感じていられるかを競う「ゲーム」が始まりました。Dは、自分はもう聞こえなくなったことを伝えるときにセラピストの顔をのぞき込み、セラピストはゆっくりとうなずくことで同意を示しました。

　余韻の聴きとりゲームにおいて、勝ち負けだけをとらえるとDはつねに敗者です。Dは、自分はもう聴きとれなくなったと降参するかのようにセラピストの顔をうかがっているからです。しかしこの状況で重要なことは、音の減衰を最後まで聞き届けたクライエントの心理状態とセラピストのうなずきが、かたちの点でマッチングをしていることです。C児と同様に、Dにおいても、単調な音がとつぜん変化したこと（ここでは、ピアノの音が、セラピストの隠れたペダル操作のために長い余韻をもち始めたこと）による一種の不安定さに耐えてマッチングを経験したことが、セラピストとの関係を更新するきっかけとなっています。

　Dはその後、ペダルの操作によって音に余韻が生じることを知るようになり、ピアノの前に立って、自分の足でペダルを踏んだり離したりしながら音遊びを楽しむようになりました。Dにとって、音の余韻は自らコントロールできる対象となったのです。

- スケッチ3：E児の場合

　自閉傾向のある幼稚園児Eちゃんは、幼稚園で教わる歌が大好きで、セラピストがEの知っている歌をピアノで弾くまねをするのをいつも楽しみにしてくれます。とくに「ことりのうた」がお気に入りで、遊具でひとり遊びをしているときにその歌が聞こえてくると、遊ぶ手は止めないものの、上体を左右に揺らし始めるなど、大きな動作で反応します。Eは、幼稚園では先生や仲間たちといっしょにこの歌を部分的にうたうことはあっても、ミュージックセ

---

(3) クラスター音：数個以上の音が不協和的に同時に鳴ること。音結合群。

第4章 ミュージックセラピーにおける即興性

譜例4-2　ことりのうた

日本音楽著作権協会(出)許諾第0301616-301号

ラピーのセッションのなかでは，セラピストの声にあわせて口ずさむ様子はありません。また，弾きうたいをしているセラピストのほうに視線を向けることもありません。『ことりのうた』を導入した数回目のセッションで，Eはいつものとおり，セラピストのうたうテンポにあわせて上体を揺らしていましたが，そのあと，これまでとはちがった反応を示しました。Eは，セラピストがうたい終わると，ピアノの後奏のメロディを，セラピストのピアノの音とタイミングも音程も正確にあわせて「タァラン，タァラン，タァラン」と突然うたい出したのです（譜例4-2）。Eはまた，うたい終えてから，E自身も自分の声が出たことが予想外だったのか，セラピストの反応をうかがうようにしっかりとした視線を向けてきました。Eとセラピストはこのときはじめて笑顔を交わし，何かを共有したことをたがいに確認しあいました。

　歌詞以外の部分をうたうというEの思いがけない発声反応は，認知発達の面から見ると，遅延模倣という用語で説明することもできます。しかし，Eはセラピストと内的状態を共有したゆえにこのような反応を起こしたことを見逃すことはできません。Eは，『ことりのうた』そのものを声に出してうたうことこそしませんでしたが，歌にあわせて身体を動かすことと，こころのなかで歌をなぞることにおいて，セラピストの奏でる音楽と終始マッチングしていました。音楽そのものとの合致ですから，強さ，タイミング，かたちのすべてにおいてのマッチングです。Eは，音楽がもはや終わろうとしているぎりぎりの場面で声を出すことによって，セラピストと内的状態を共有していたことに自ら気づき，他者との情緒的交流がどのようなものであるかを確かに実感するに至りました。それは，顔を見あわせることや，こころが動いたことからあらわれる自然な笑顔によって証明されます。

　ジョイントアテンション
　以上のスケッチにおいて，子どもたちはそれぞれにセラピストとのあいだに新しい関係を築き始めています。どの子どもにも，ふだんの状況ではきわめて困難な視線あわせ（アイ・コンタクト）が自然にあらわれました。Cはセラピス

トの声がやんだことに気づいて不思議そうに，Dはセラピストの反応をうかがう様子で，Eは思いがけない自分の発声に照れたように，それぞれセラピストにはっきりと顔を向けています。このように，視線あわせが起こった文脈は異なりますが，3人の子どもたちの視線あわせには共通する意味があります。それは，セラピストの顔を見ることが，セラピストに対して質問を投げかけているとか何かを要求する行動ではないということです。そうではなく，それぞれの子どもが関心や注意を向けたことについて，セラピストを巻きこんでその関心や注意を共有したいためにとった行動であるといえます。これは，視覚的事象においてジョイントアテンション（joint attention：共同注意）と呼ばれているものと通底する行動です。

　対象への注意を相手と共有するジョイントアテンションの行動には，「指さし（pointing）」，「見せる行動（showing）」，「参照視（referential looking）」があります（別府，1998）。「指さし」は，あれを取ってほしいというような要求を伝えるための行動ではなく，たとえば，木の枝に鳥が止まっているのを見つけて，それを相手にもいっしょに見てほしいことを伝えるしぐさのことです。「見せる行動」とは，水たまりに張った薄い氷を，母親のところまで行き着くまでには溶けてしまいそうでも，手でつかんで見せに行こうとするような行動です。「参照視」とは，子どもが，水槽に泳いでいるさかなを夢中で見ると同時に，同じものを見ている母親の顔も交互にふり返って見るときのような行動です。

　ミュージックセラピーの場面に戻ると，Cがセラピストの顔をのぞき込んだのは，どうして声を出さなくなったの？　と問いかけているのでも，はやく「ブルルン」と言って！　とせかしているのでもなく，聞こえてくるはずの声が聞こえてこない新奇な事象をセラピストと共有しようとしたのです。これは「参照視」の類似と考えられます。Dは，もう音が聞こえなくなったことに対するある種の感動を「ほら，見て」と「指さし」をするかのようにセラピストに注意をうながしていると考えられます。そしてEの場合は，歌が1曲完結するまで，自分が図らずも見届ける（＝聞き届ける）ことができた自分への驚

きをセラピストと共有するために，その気持ちを笑顔というかたちにして，「見せる行動」をとったといえるでしょう。

このように，子どもたちはみなそれぞれに，セラピストとクライエントの相対する関係を超えて，セラピストの横に並んで，自分の関心事象をセラピストとともに見る（＝聞く）関係へと自らの力で移行させることができました。やまだは，質問や要求などが「対面関係」で行われるやりとり機能であるのに対し，共同注意の機能が作動する関係を「並ぶ関係」と称しています（やまだ，1998）。

以上のように，ミュージックセラピーのなかでは，情動調律の現象は聴覚的なジョイントアテンションとして姿をあらわすことがわかります。関心を共有することは，対象を操作して何かを手に入れるといったような目的をもつこととは質的に異なる行為です。自分とそばにいる他者とが同一の事象に，ともに注意を向けること自体に満足感を得る，いわば現実的には利得のない行為です。しかし関心の共有は，自分の感情や意図を他者にうまく伝え，さらに他者の心的世界を理解するという人間関係の深さにかかわる重要な領域に直結しています。一般に，自閉傾向のある子どもたちは，共同注意にかかわる行動が希薄であるといわれています（別府，1998）。ミュージックセラピーにおいても，セラピストと「並ぶ関係」をとれるようになると，子どもたちは，注意の共有によって心理的な充足を得るとともに，他者のこころを推し測る段階へと歩みを進めていくことができるでしょう。

4　即興性の展開

即興的な会話へのつながり

即興演奏がさまざまなかたちで展開され，セラピストもクライエントも演奏に「乗る」ことができるようになると，その音楽にいざなわれるように，言語の交流も即興性の色あいが濃くなります。たとえば，ことばによって対人関係をとることに不安をおぼえ，ふだんから他人に対してことば掛けをすることに

第4章　ミュージックセラピーにおける即興性

躊躇している人たちに，即興演奏のあとに何気なく感想をつぶやくといったことが自然に起こります。しかも，その感想のなかに，発言者自らも思いもよらなかったユーモアが付帯していることさえあります。

このような，音楽の流れと言語の交流が並行的に生まれてくる根底には，音楽も話ことばも，本質的にはリズムが織りなすテクスチュア（texture）であるという共通点があるものと考えられます。

アルドリッジ（Aldridge, D.）は，コンテクスト（context）という単語から，リズムの構造について論じています。語源である *con textere* は，織りあわさる（weaving together）ということを意味しています（Aldridge, 1989）。リズムというものは，ひとつのパターンが別のパターンと織りあわさることにより，それらがたがいに変化しながら構造化され，やがて意味をなしていくものであるというのです。話しことばもまた，ひとつのことばがつぎのことばを呼び，それらが絡みあいながら織りなされるテクスチュアです。即興的にリズムがつながっていくことによって，こころ模様が音楽として立ちあらわれてくる即興演奏は，言語交流の手本となり，臨機応変な言語コミュニケーションを先導しているといえるでしょう。

以下のエピソードは，すでに別の機会に論じたものですが（稲田，2012），成人のグループセッションにおいて即興演奏を試みている最中にあらわれたクライエント同士の会話の様子を示したものです。何気ないことばのやりとりのなかで，ひとつのことばのもつ色あいと意味あいが変化していくことによって，ふたりのあいだで「遊びの空間」が開かれていくのを感じることができます。

ある即興演奏に先立ち，ノリのよい演奏を喚起するために，セラピストは「オモテ拍」と「ウラ拍」という通俗的な音楽表現を使って拍子感について説明しました。そして，ツービートのリズムに乗るためには，ウラ拍をよく意識するとよいという教示のもとに，クライエントたちにはまず，ゆっくりと安定した2拍子を刻むことに慣れるようにと練習をうながしました。ほどなく，ふだんはたがいに会話をしないF男さんとG子さんがつぎのように言いあいました。

F男：「いまのリズム，ウラ拍がオモテ拍になっていたよ。」
　G子：「あっ，バレた？」
　これだけの短いやりとりではありますが，この会話はきわめて柔軟な即興的要素と遊びの要素を含んでいます。F男に使用されていることば自体は，セラピストが紹介したオモテ拍とウラ拍という表現をなぞったものにすぎません。またオモテ拍とウラ拍というものは本来，相対的なものであって，それぞれに確定的な意味はありません。オモテとウラは，音楽の流れのなかに入ってはじめて特定されるものであって，リズムだけが切り離されたときには，オモテもウラも均等な1拍にすぎないのです。おそらくF男は，そのことを無意識のレベルで気づいており，自分が発する「オモテ」も「ウラ」も，大きな意味をもっていないことを了解していたのだと思われます。つまり，F男は，G子のリズムの乗り方がまちがっていることを指摘しようとしたわけではなく，オモテとウラという単語を軸にしてことばが紡がれていくプロセスを遊んだのだと解釈することができます。さらに，F男は音楽からつながることばによって「遊ぶこと」の世界を切り開いたといえます。それは，G子が，「バレた？」という表現でF男のことばをみごとに引き継いだことが証明しています。G子もまた，自分は何ら責められる筋合いではないことをやはり無意識に承知しているにもかかわらず，F男に対して絶妙のユーモアを含んだ即興のことばを返したのです。
　ことばというものは，それが生まれたのちに，会話のコンテクストに沿った意味を帯びていくと考えられます。つまりひとりの人間の内面から浮かびあがったことばは，それを受けとる他者とのあいだに意味を成していくのです。しかも，意味は，いったんことばに付与されると永久に貼りつけられてしまうものではありません。意味は，会話の展開とともに変化したり，あるいは意味づけされることを先送りされたりするものです。F男とG子は，ことばの逐一の意味を問わず，意味が先送りされていく流れを遊びました。ふたりの経験は，加藤が述べるところの，「言葉が自分の知らないところで自己運動することについての驚きをもった承認，およびその引き受け」（加藤，1995，p.132）を果

たしたといえます。ふたりはさらに，ことば自体とことばの意味のあいだにある隙間に，ユーモアや笑いを忍び込ませることさえできたのです。

即興演奏において音をかたちあるものに整えながら情緒や意味を共有可能なものにしていくことと，日常的な会話において，ことばを浮かび上がらせてはそのつどの意味を先送りしつつ話を発展させることは，ひとつの同じことといえます。さらに，即興演奏にともなって生み出される音やことばは，一定のまとまりを獲得しつつ，開かれたプロセスとしてつねに成長を続けます。タイミングのよい応答を呼び込む会話が成立するのは，モチーフとしてのことばが，会話の展開に貢献しているからといえます。ここで「モチーフ」というのは，そのひとつひとつが完結したものではなく，囲みの開いた不完全なもの，とエーレンツヴァイク（Ehrenzweig, A.）が説明している表現を借りています。エーレンツヴァイクは，モチーフを，「予測できない全体構造に発展しなければならない成長素」（Ehrenzweig, 1967, 訳書, p. 46）であるといい，芸術家が偶然や不測のできごとを歓迎することができるのもこのモチーフの不完全性のゆえであると言及しています。F男とG子の会話も，突如として立ちのぼってきたことばに対して，その偶然を歓迎するかのごとく的確な言葉で応答されていることから，まさに「芸術的」な対話であるといえるでしょう。

学術誌に見る即興的なかかわりの展開

ここでは，過去にアメリカで学術論文として発表されたミュージックセラピーの2つの場面を概観することによって，即興演奏というもののさらなる発展の可能性を展望したいと思います。

① アルバートの場合

この事例は，フィッシャー（Fisher, R. G.）が論文として発表したもので（Fisher, 1991），発達障害者のためのグループホームで生活をしている成人男性が，ミュージックセラピーをとおして，自己の内面と対話をしながら健全な自己像を確立していくプロセスを詳しく描いています。とくに，セラピストがクライエントの感情を映し出す歌を即興的につくることによって，クライエント

の発言と絵を音楽に結びつけ，クライエントのこころの内を理解できるようになった様子がよくあらわれています。フィッシャーはまた，この事例をとおして，コミュニケーション能力や認知能力が一定水準以下であるがゆえに伝統的な心理療法が有効でないクライエントに対して，その代替アプローチとして，視覚と聴覚を総合的に活用するアートセラピー（芸術療法）を導入することを提案しています。

・論文の概要

　知的障害と自閉性障害をあわせもつ23歳のアルバートは，精神年齢6歳と診断されています。彼は，話し方は単調であるものの，簡潔な指示に従うことや，具体的な事象について情報交換ができる程度のコミュニケーション能力を有しています。しかし，つねに無気力な様子で，抑うつ的な気分も充満しており，ときおり不合理な恐怖感をともなって「ボク，トラックに轢かれるかも」などと，その場の状況とは無関係なことを早口で独り言のように話します。また，不適切な性的行動や破壊的行動があらわれることもありました。

　ミュージックセラピーの目標は，アルバートがセラピストと信頼関係を結ぶことと，他者と健全なコミュニケーションをとることに置かれました。セラピストはまず，アルバートに気持ちの負担がかからないよう，身近な話題について語りあうことから始めました。あるとき，食べものの話をする機会を得たことから，セラピストはアルバートに好きな食べものを絵に描いて表現するよう導きました。そして，描かれたいくつかの絵を楽譜に見立て，順番に指さしながら，「食べものの歌（Food Song）」をうたう活動に発展させました。絵を描くことは，やがて内に潜んでいる恐怖心を表現することにつながり，アルバートは自分が恐怖を感じるものについて描くようになりました。それは洋服ダンス，魔女，ズボンのベルトなどでした。セラピストは，それらの絵をもとに「怖いものの歌（Fear Song）」を創作し，アルバートと一緒にうたうことにしました。このころからアルバートの破壊的な行動は減少し，周囲に受けいれられる適切な行動が増加しました。また，状況にそぐわない独り言も自然に消滅していきました。

第4章　ミュージックセラピーにおける即興性

　セラピストは，アルバートのアイデアや感情をもとに歌を創作し，それを一緒にうたうことをさらに発展させ，「自分の歌（Self Song）」をつくることを提案しました。この歌は，「アルバートはいいヤツさ（Albert is a fine young man）」という出だしで始まり，アルバートがセラピストとともに見つけたアルバートのよい行動を歌詞に挿入するものでした。その際，「アルバートは人に悪さをしない」といった否定語 not が含まれる表現よりも，「アルバートは皿洗いを手伝う」といった肯

図4-2　クライエントの描いた自画像

出所：Fischer, 1991, p. 370より。

定文をかならず歌詞に採用しました。その理由は，これまでアルバートは，「しないこと」や「できないこと」を話題にしてのみ自己を語っていたという事実から，歌をうたうときには肯定表現にこだわることで，アルバートが自己を肯定的に見るようになることへの期待があったからです。
　セラピストは，ここではアルバートに絵を描くことを勧めませんでした。アルバートは自分が実際に見たことのあるものを描く発達段階にとどまっており，「何かをすることについて」といった抽象思考をともなう描画制作は困難に思われたからです。しかし，肯定的な表現を挿入した歌をうたうことが定着してきたころ，アルバートは自らすすんで自画像を描きました。それは自信に満ちた，まさに肯定的な自己を表明する，「いいヤツ（a fine young man）」の姿でした（図4-2）。
　好きな食べものについての絵を描いてうたうという活動は，より深い音楽の世界へとアルバートをいざなっていくのに最良の機会となりました。アルバー

トは，セラピストと一緒にうたうことから大きな安心感を得て，自らの内に潜む不安や恐怖についても自発的に表現しました。のちに判明したところによると，アルバートが描いた魔女は母親をあらわし，ベルトは父親を象徴するものでした。アルバートにとっては，過去の体験にかかわる不安や恐怖について歌をとおして客観視できるようになったことが，のちに肯定的な自己像を形成し，自画像を描くことによってゆるぎない自己の存在を確認するに至った転換点であったと考えられます。

② G. R. 氏の場合

この事例は，コリガン（Colligan, K. G.）によって，アメリカのホスピスケアにおける，ある日のミュージックセラピーの場面がまとめられたものです（Colligan, 1987）。論文のなかの短い事例として発表されたものですが，セラピストがクライエントの言動を抑制しつつ，建設的なセラピー関係を築いたのちに，信頼と創造性に満ちた活動を展開する様子がわかります。ここで示唆されていることは，クライエントの状態に沿った活動内容をそのつど柔軟に考えること，クライエントの言動を統制しつつクライエントの主体性を尊重すること，音楽以外の芸術媒体を付加していくことによりケアの質を高めること，の3点に集約されます。

• 事例の概要

G. R. 氏は68歳の男性で，前立腺がんから全身にがんが転移している状態でした。ホスピスへの入所は，G. R. 氏にとって緊張と不安を強いるもので，その動揺は多弁傾向となって反映されました。たとえば，鎮痛剤の投与について執拗に質問をくり返すという具合でした。このようなG. R. 氏の態度は，自分の不安な気持ちをスタッフに隠すためだけでなく，気を紛らわせるためでもあるようでした。

ミュージックセラピーのときには，G. R. 氏はいろいろなジャンルの音楽をたくさんリクエストしました。セラピストは彼の希望やニーズを満たすために，たえず音楽を探し回らなければなりませんでした。G. R. 氏は自分がリクエストした音楽を聴かせてもらっているあいだ中，その音楽について自分が知って

第4章 ミュージックセラピーにおける即興性

いることを立て続けに話しました。セラピストは，彼がしゃべり続けることを遮って場の流れを変えていかなければならないと思いました。なぜなら，G. R. 氏のこうしたふるまいは，情緒的な交流をもたらさないだけでなく，もしかすると，G. R. 氏は自分が話をすることによってセラピストを楽しませようとしているのかもしれないと感じたからです。セラピストは，彼の話題を受けいれつつも，話すことに費やされているエネルギーを創造的な表現のために使われるよう方向づけていくことを考えました。

セラピストはまずG. R. 氏に，生演奏による音楽を「受動的に」聴いてもらうことから始めました。セラピストがギターを演奏し，歌をうたい，G. R. 氏には聴衆の役割があたえられました。それは，G. R. 氏が延々と話を続ける行動パターンを断ち切ることを成功させたばかりでなく，身体の痛みから気をそらすことを可能にして，彼が穏やかな気分になるよううながしました。

つぎの段階では，セラピストはG. R. 氏のリクエストによって演奏するという「能動的な」音楽鑑賞に移行しました。そして，リクエストした音楽に関する話題を静かにゆっくりと話すことを許しました。このことは，G. R. 氏の話の内容を統制することに有効でした。話題は徐々に深みを帯び，情緒的な部分に触れるような話もあらわれてきました。このようにして，G. R. 氏は自らを洞察する機会を得るようになりました。やがてG. R. 氏とのミュージックセラピーは，鑑賞する音楽にちなんだ詩をつくること，即興的技法によって作曲すること，音楽を聴きながらコラージュや描画を制作することなどへと発展していきました。こうしたさまざまなオリジナル作品の制作は，G. R. 氏の自尊感情を高めていくことに大きく貢献しました。

治療は継続されたものの，G. R. 氏の衰弱を止めることはできませんでした。しかし，彼が話す内容は日に日に深いものとなり，それと反比例するかのように，表層的な会話はほとんど見られなくなりました。このことはG. R. 氏を「受容」の段階[4]へと押し進めていき，彼はお葬式のことをオープンに話すまでになりました。また，愛について，そして彼の人生において愛とはどういうものだったのかということについても話しました。あるとき，G. R. 氏はセラピ

ストに，BGM を流しながら聖書を朗読してほしいと頼みました。それが叶えられると彼は，「すばらしい。音楽と言葉は私のこころの情景を豊かにします」といって，こころのなかに描かれた情景を詳細に語り出しました。G. R. 氏はまさにこのような機会を探していたかのようでした。セラピストは，自分を前にした G. R. 氏のふるまいがきわめて自然に感じられたため，ミュージックセラピーが助けになったかどうか彼に訊ねました。G. R. 氏はこう答えました。「音楽は私のこころを特別な場所へと運んでくれました。そうでなければ，私は病気の不安から逃れることはできなかったでしょう。そして私は音楽を愛しているからこそ，ここで自分の気持ちをおもてに出すことができるのです」。また別の日にはつぎのようにセラピストに話しかけました。「私はあなた以外には私の気持ちを正直に話すことはできません。他の人はみな，私は気が変になっているというでしょう。しかしあなたと一緒にいると，音楽と言葉は感情の泉のように感じられるのです。私がいま何を思っているかを，あなたにならそのまま話すことができるのです」。

　以上のように，音楽のみに限定せず，さまざまな表現形式をそのつどの判断で採用するミュージックセラピーは，クライエントが創造的な生き方を選択するために有用な援助であることがわかります。次章で詳述するウィニコット（Winnicott, D. W.）は，「創造的統覚（creative apperception）」を獲得することを，「盲従（compliance）」という自己防衛的で消極的な生き方の対極に位置づけています（Winnicott, 1965, 訳書，p. 91）。

　なお，多様な芸術様式を連動させるセラピーについては，「遊び」との関連から第 7 章でさらに論を進めていきます。

---

(4) キューブラー＝ロス（Kübler-Ross, E., 1926-2004）は，著書『死ぬ瞬間――死とその過程について』において，否認・怒り・取り引き・抑うつ・受容の 5 段階を「死の受容プロセス」として提唱している（Kübler-Ross, 1964）。本事例が掲載された論文内においても，著者コリガン（Colligan）がこの 5 段階について詳細に解説している。

第5章

ミュージックセラピーを支える理論
―― ウィニコットとビオン ――

本章では、精神分析家のウィニコットとビオンをとり上げ、それぞれの母子関係理論を概観することにより、ミュージックセラピーにおけるセラピストのあり方について検討します。

1 ウィニコットの理論とミュージックセラピー

ウィニコットにおける「母親の機能」

ドナルド・ウィニコット（Winnicott, D. W., 1896-1971）は、イギリスの精神分析家で、小児科医としての長年の臨床経験をもとに対象関係論を独自の視点で発展させ、早期の母子関係についての独創的な理論を築きました。とくに、第二次世界大戦後の荒廃した社会のなかで多くの子どもたちと接したウィニコットの経験は、子どもの人格形成に関与する母親の存在を理論の中心に据えることを決定づけました。またウィニコットは、乳児の人格的成長に関与する母親の機能と、精神療法を実施するセラピストの機能の共通点を見出し、母子関係理論を精神療法に適用しました。

イギリスでは、ウィニコットの理論に依拠したミュージックセラピーの研究が盛んに行われています。イギリスのミュージックセラピストたちにとっては、自国に生まれた理論としての親しみやすさがひとつの理由ではありますが、彼らはウィニコットを通じて、「セラピストのあり方」をつねに自らに問い続けているのです。また彼らはそのことを、「クライエントへのかかわり方」と同時並行で検討すべき重要な課題であると認識しています。しかしウィニコットの概念は、他のどのような理論的基盤のもとに実践されているミュージックセ

ラピストにも有用な示唆をあたえてくれます。
　ウィニコットは，子どもの成長を支える母親の機能について，「抱えること（holding）」，「離乳させること（weaning）」，「生き残ること（surviving）」という表現を用いて独自の論を展開しています。
　「抱えること」は，乳児の出生直後から数週間にわたって，母親が乳児に専心する姿としてあらわれる機能です。ウィニコットは，この時期の母親が示す献身ぶりを「原初の母性的没頭（primary maternal preoccupation）」と呼んでいます（Winnicott, 1971, 訳書, p. 207）。またウィニコットは，この時期において，ひとりの乳児などというものは存在せず，「母親 - 乳児というユニット」があるのみで，それがやがて母親と乳児とに分かれて成るのだともいいます。「抱えること」の機能のもとでは，乳児は母親への絶対的依存を続けることができます。また，生理的な支障や外界の侵害からも完全に守られます。乳児は，このように完璧に抱えられる状況のなかで「存在し続けること（going on being）」の感覚をもちます。この感覚は，乳児がやがて対象としての母親と関係を築けるようになるための必須条件です。ウィニコットは，人生の最早期に母親に抱えられる状況が適切に供給されない場合には，精神的健康を維持する素地が子どもに形成されず，その後の情緒発達が困難になると考えています。乳児は，この外界の現実から隔離された環境において，主観的対象という「錯覚（illusion）」，つまり内的現実と外的現実はひとつの同じものだという錯覚をもちます。つまり，自分は必要なときに必要なものをつくり出して自らに供給することができ，なおかつそれは母親の供給するものとも一致するという錯覚です。乳児にとって，母親の乳房はまさに自分が創出した自分自身の延長ということになります。
　母親の機能は，子どもを心的に「離乳させること」に移っていきます。ウィニコットは，乳児が母親の顔にまなざしを向けているときに見ているのは乳児自身である，と考えました。乳児の内的状態に同一化する母親を見る乳児は，母親をとおして他者としての自分を見ます。それは，主体としての自己と対象としての自己とのちがいを体験する出発点となります。子どもは自分自身を対

象として認識し，観察的な目で自己を見つめ，他者としての自己と対話をするのです。

　赤ん坊は，母親の顔にまなざしを向けているとき，一体何を見ているのか。赤ん坊が見ているのは，通常自分自身であると思う。別のいい方をすれば，母親が赤ん坊にまなざしを向けている時，母親の様子 what she looks like は，母親がそこに見るもの what she sees there と関係がある。(Winnicott, 1971, 訳書，pp. 157-158)

　乳児の内面にこのような体験が起こるとき，母親は，乳児を完璧に抱える役割から，ほどよく抱える環境としての存在へと変わります。ほどよく抱える環境としての「ほどよい母親（good enough mother）」は，乳児の対処能力を超えない範囲で，欲求不満を体験させます。つまり母親は，もはや乳児の延長としての反応は示さず，乳児の欲求に対してややタイミングをずらして応じるのです。母親の乳房は，いまや乳児が自分で万能的に創出したものではなく，欲求した結果として乳児の目の前に差し出されるものとなります。乳児が欲求不満を体験することは，欲望を体験する機会があたえられるということです。ここに主観的対象からの「脱錯覚（disillusion）」があります。乳児は，母親を万能的対象として自分と一体化していた状態から脱し，母親との分離性に気づきます。乳児は情緒的な離乳を果たすことによって，対象としての母親を体験し始めます。さらに乳児は，ほどよい母親の静謐さのなかで，母親以外の対象とのかかわりも徐々に開始します。
　母親が子どもをよく抱える環境へと移行する時期，すなわち情緒的な離乳のタイミングは，乳児の精神発達を支える重要な要件です。抱えられる環境があまりにも早く失われると，乳児は過度に反応的になり，外界に対して防衛的な性格を強化させます。反対に，抱える環境の供給が長く続きすぎると，適度な欲求不満あるいは耐えられるレベルの不安を感じることや，欲望や葛藤を体験することが妨げられ，乳児は自分自身への対処の仕方を学ぶ機会を逸すること

になります。このように、ウィニコットは、時機を得た母親の機能が保障されなければ、子どもは情緒発達や精神的健康に支障をきたすとして、精神の病いへのプロセスは人格の破綻ではなく、環境の欠損に原因があると見ています。

環境としての母親の機能が不全の状態について、もう少し見ておきます。この時期における、子どもの精神の発達に影響をおよぼす母親自身の態度として、子どもに対する侵入的な行為と、それとは反対の、無反応な行為があります。子どもに対して侵入的な母親は、自己愛的、自己顕示的な性格をもつと考えられます。そして、母親自身がひとりでいることが不安であることから、自分のニーズを乳児に押しつけてしまいます。それは、乳児には環境からの侵襲と受けとめられます。反対に、子どもに対して無反応な母親の場合、その母親は子どもにとっていつどこにいるのか予測のできない存在となります。子どもは、自分が母親から理解されていないと感じるとともに、環境に対して不信や恐れをもつようになります。

母親のさらなる機能は、「生き残ること」、すなわち時間を超えて状況を抱えることです。乳児は、内的対象としての母親を空想的に破壊してもなおそこにいて仕返しをせず、時間を超えて存在し続ける母親に対して、信頼の営みを開始します。空想的な破壊行為は、乳児に罪悪感や悲しみの感情を引き起こしますが、内在化した母親の存在は、乳児をこの感情から救い、情緒的に生き延びさせるのです。

「母親の機能」としてのミュージックセラピスト

まず、音楽の原点であるパルスの性質と母親の機能との関連を考えてみます。パルス（pulse）とは規則的にあらわれる正確に等しい刺激の連続のひとつであると定義されます（Cooper & Meyer, 1960）。パルスの連続は、エネルギーが平衡している状態で、恒常性と安定性を保っており、そのエネルギーは外界の対象や目的に向かうことのない、いわばホメオスタシスの状態にあります。私たちは、このパルスの音を知覚することによって安心感を得ます。パルスに包まれるということは、子宮内体験に似た安定状態、もしくは母親の心拍を聞きつ

づけて眠る乳児の状態ともいえます。これは乳児が「原初の母性的没頭」のもとにいるときの，ニードや欲求が存在しない状態に相応し，「存在し続けること」を可能にします。ブルーシャ (Bruscia, K. E.) は，パルスは「地」をあたえ，エネルギーや基本的な衝動を包み込み，守り，統制し，均衡化すると述べています (Bruscia, 1987)。ミュージックセラピーにおいて，セラピストが規則正しい拍の連なりや安定した拍子の音楽をクライエントに差し出すとき，クライエントは外界から侵入してくるものに対して守られることができます。規則正しく響く音はまた，予測可能性を保障するものとして，不安や恐れからも解放されます。

　パルスは，音楽を形成するもっとも基本的な要素ですが，人間の心理状態は，連続するパルスの単調な動きを，把握可能な一定の長さの単位にまとめる，あるいは，ある種の構造をつくろうとする力をはたらかせるようになります。それは，パルスが拍子あるいはリズムとなっていくということです。拍子は，パルスの動きのなかで規則的にあらわれるアクセントがもとになって生まれます。たとえば，静かな部屋に時計の秒針の音だけが響いているとき，私たちはその均一な音に適当なアクセントをつけることによって拍子を感じ，さらには単純なリズムのパターンを思い浮かべることさえあります。

　リズムとは，ひとつかそれ以上のアクセントづけられない拍が，ひとつのアクセントづけられた拍との関係でグループ化されるやり方，と定義されます (Cooper & Meyer, 1960)。リズムは，ホメオスタシスを崩し，緊張を生みます。リズムの形成は，パルスという「地」を失う危険をともないながら個人化へ向かう挑戦と考えることができます。パルスから大きく逸脱することによって複雑なリズムが形成されていくプロセスと，リズムが限りなくパルスに近いものへと戻っていくプロセスは，子どもが母親から分離するときのアンビバレント（相反する2つの価値をもつ）な感情に似ています。

　パルスからリズムへの移行は，母親が抱える存在から包みこむ環境へ移行する，すなわち母親が「離乳させること」を試みて「ほどよい母親」となるプロセスの相似といえます。そして，ミュージックセラピストもまた，「ほどよい

セラピスト」となっていきます。即興演奏にあらわれる比較的安定した反復リズムは，音楽的な「離乳」の現象と考えられます。リズムは，ホメオスタシスを維持するパルスから離脱した音の連なりですが，リズムのパターンは反復されることにより，パルスの動きから唐突に分離されることを免れます。クライエントにとって，安定したリズムパターンが供給されることは，セラピストとの一体性と分離性がほどよく交じりあう音楽を体験する機会となります。

　ある時期，クライエントは，セラピストがつくる音楽の流れや響きを遮るような音を出したり，セラピストの音楽とはなじまない音を意図的に発したりすることがあります。セラピストの「生き残ること」の機能は，クライエントがこのようなやり方でセラピストとの信頼関係を試す時期に発揮されることになります。セラピストが安定したパルスやリズムを供給し続けることで，セラピストにはいかなる動揺もないことが表明されれば，両者のあいだには真の信頼関係が確立されます。クライエントはセラピストが仕掛ける音楽的な変化や不測の事態にも対応できる柔軟性を発揮し，その結果，遊びごころのある即興演奏を展開していくことができます。それは，セラピストとクライエントが協働して音楽的な「可能性空間」（後述）を創造することへの出発点でもあります。

2　「母親の機能」から生まれるもの

ひとりでいられる能力

　ウィニコットが提唱した「ひとりでいられる能力（the capacity to be alone）」とは，母親が子どもの傍らには不在でも，子どもはあたかも母親とともにいるような心的状況でいられる能力のことです。「ひとりでいられる能力」は，乳児が自分とは分離した対象としての母親を了解しているものの，情緒的には母親との一体性と分離性のどちらもが同時に真実であると感じる時期に発達します。子どもは，この能力のもとで母親の存在を内在化し，内在化した母親を，包み込まれる環境として位置づけます。したがって，母親を内在化する力を備えているとき，子どもはひとりでいることができます。ウィニコットはここで

同時に，子どもは母親とともにいるときにこそ，ひとりの世界を存分に楽しむことができるという重要な見解を付け加えています。「ひとりでいながらふたり」と「ふたりでいながらひとり」という子どもの心的描写は，ウィニコット独特のパラドックスのひとつです。

　情緒的に離乳させる時期を母親が誤ると，「ひとりでいられる能力」は子どもに備わりません。離乳の時期が遅すぎると，乳児は母親に病的な依存を示します。たとえば，いつも母親に抱かれなければ眠ることのできない乳児は，環境に対する信頼を保つことができず，包み込まれる空間を自分自身で供給できていないということです。つぎのウィニコットの記述は，子どもがほかならぬ自己の体験をするために，ひとりでいられる能力がいかに重要なものであるかをうかがわせます。

　　わたくしが用いる意味で，一人でいるときはじめて幼児は大人のくつろぐといわれるものに相当する状態に達することができる。そうなってはじめて幼児は統合を失い，困難から逃れようとし，当てもなくさ迷うといった状態になることができ，またほんのしばらくは外界からの侵害に反応することもなく興味や運動への方向をもった活動的な人間になることもない存在ともなれる（健康な退行の意味――訳者）。イド体験のための舞台がセットされるわけである。時の経過とともに感覚や衝動が姿をあらわしてくる。こうした状況で（はじめて）感覚や衝動は実在感をもち，真に彼独自の体験となるのである。(Winnicott, 1965, 訳書，p. 28)

「ひとりでいられる能力」は，小児だけの現象ではなく，健全な人間にかならず備わっている能力でもあります。オグデン（Ogden, T. H.）は，「健康な個人がひとりでいるときには，つねに自分で生成した環境としての母親の存在のもとにある」といいます（Ogden, 1986, 訳書，p. 146）。
　セラピストとクライエントが相互にかかわりながら音楽を創造するミュージックセラピーはまさに，「ひとりでいながらふたり」と「ふたりでいながらひ

とり」を同時に経験する時空間を生み出します。たとえば，セラピストが簡単なリズムを提示し，クライエントがそのリズムに自分の音を重ねていくなかで，セラピストの規則的なリズムはやがてクライエントに内在化されます。セラピストの音の内在化は，環境への信頼感となり，音楽のなかでくつろぎを感じることができる要件となるとともに，「リズムに乗る」という音楽体験を導いていきます。リズムに乗れるということは，「ひとりでいながらふたり」「ふたりでいながらひとり」の心的状態が自然に交代する感覚をもつことであるといえます。セラピストがリズムを提示してはたらきかけても，クライエントの演奏が不安定であったり強迫的に音を出し続けたりする場合は，セラピストの音が内在化されていないと考えられます。そういう場合にはたとえば，リズムをできるだけシンプルに，すなわち単純な拍打ちに近いリズムを提示して，まずは音をあわせることからゆっくりとうながし，クライエントがひとりで，あるいはふたりで音楽を楽しむことができるように導いていく必要があります。

可能性空間，遊ぶこと，移行対象

ウィニコットは，乳児と母親の一体性から分離性への移行が円滑に進行するため必要な空間として「可能性空間（potential space）」という仮説概念を想定しました。「可能性空間」とは，乳児と母親の相互作用によって両者のあいだに創造され，一体性と分離性，あるいは内的現実と外的現実の区別が問われることのない，いわば中間領域です。

ウィニコットは，この「可能性空間」における「遊ぶこと（playing）」を人格形成の中心に位置づけています。子どもは「可能性空間」のなかで，「自分であるもの（me）」と「自分でないもの（not me）」を問われることなく母親と遊びます。つまり，母親と乳児のあいだにあらわれる事象は，誰によって生み出されたか，また誰に属していこうとしているのかを問われないのです。このような状況のなかで「遊ぶこと」は，子どもがやがて想像力や象徴形成の力を獲得する礎となります。

ウィニコットはまた，「自分であるもの」と「自分でないもの」がたえず反

転するかのように特定の誰かに属することを拒むものを,「移行対象（過渡対象）(transitional objects)」と称して想定しました。移行対象は，乳児が万能的に創造した乳児自身の延長としての性質と，乳児が外界で発見した対象としての性質をあわせもっているものです。ウィニコットが想定した移行対象の具体的な例としては，毛布の切れ端や薄汚れたぬいぐるみなどを挙げることができます。子どもがひとりで眠るときにそれらを手離さないのは，母親の存在の代わりになるものを自らで供給し，母親に抱かれながら眠るときと同様の，包み込まれる空間を自らに供給しているのです。乳児が移行対象に頼ることができない状況では，「ひとりでいられる能力」を発達させることが困難になります。毛布の切れ端や薄汚れたぬいぐるみが不要なものとして処分されたり，移行現象としての指しゃぶりをすることが妨げられたりすると，乳児は内的環境を確立することができず，つねに母親の実際の存在を必要とします。

　乳児と母親が「可能性空間」のなかで「遊ぶこと」は，クライエントとセラピストが「音楽的空間」のなかで「演奏すること，または音楽をつくること」に等しいことについて，パヴリチェヴィック（Pavlicevic, M.）はつぎのように述べています。

　　臨床の場面でおこなう即興演奏は，セラピストとクライエントがともに無理なくはいっていける協働的な創作活動です。即興演奏において，音楽空間はセラピストとクライエントのあいだに創造され，音楽は両者にとって「私であるもの」と「私でないもの」となります。セラピストとクライエントが協働して音楽空間を創り出す営みこそ，ウィニコットがいうところの「遊ぶこと」の意味なのです。(Pavlicevic, 1997, 訳書, p. 151)

---

(1) ウィニコットは，早期の母子関係において移行対象と移行現象が機能する場を「体験の中立領域（a neutral area of experience）」と称し，子どもに「それはおまえが想像したものなの，それとも，外部からおまえに差し出されたものなの？」と問わないことが重要であり，また「このような質問自体考え出されるべきではない」と述べている（Winnicott, 1971, 訳書, p. 17）。
(2) ウィニコットは，乳児が自分の指を口に入れたり，シーツや毛布を握って吸ったり，口をもぐもぐさせて音声を発することなどを「移行現象」と称している。

クライエントとセラピストの相互作用によって奏でられる即興音楽は，両者の内的状態が共鳴しあい，たがいの拍やテンポやリズム，あるいは音の強さや高さが，調和と適度な逸脱をくり返しながら発展します。ふたりのうちのどちらから音があらわれ，どちらに属していくのかということを問う必要はありません。クライエントとセラピストの音や情緒の移り変わりは，スターンの用語を借りれば，「調律」されながら，つねに新たな音楽と情緒に更新され，「自分であるもの」と「自分でないもの」のあいだを行き来するのです。ミュージックセラピーにおける音楽空間はまさに「可能性空間」であり，遊ぶことと音楽を演奏する（音をつくる）こととは，ことばの上でも意味の上でもひとつの同じこと，すなわち「プレイイング（playing）」となるのです。

「遊ぶこと」と精神療法

ウィニコットは，子どもでも大人でも，遊ぶということにおいてのみ創造的になることができ，創造的である場合にのみ自己を発見することができるといいます。そしてこの考えのもとに，遊ぶこと自体が治療であるとしてつぎのように論じています。

> **精神療法とは 2 つの遊びの領域を，患者の領域と治療者の領域とを，重ね合わせることである**。もし，治療者が遊べないとしたら，その人は精神療法に適していないのである。そして，もし患者が遊べないならば，患者を遊べるようにする何かがまず必要であり，その後に精神療法が始められるのである。遊ぶことがなぜ必須なのかという理由は，遊ぶことにおいてこそ患者が創造的になっていくからである。(Winnicott, 1971, 訳書, p. 75)[3]

ウィニコットがめざす精神療法は，クライエントが遊ぶ領域とセラピストが遊ぶ領域が重なりあうことで成立します。したがって，「遊ぶことのできるセ

---

(3) 太字訳書どおり。

ラピスト」の役割は,遊べない状態にあるクライエントを遊べる状態へ導いていくことにあります。もっとも,ウィニコットは,「もし,精神療法をやろうとするならば,この遊ぶことは自発的でなければならないし,決して盲従的であったり,追従的であってはならない」と主張しています(Winnicott, 1971, 訳書, p. 71)。

ウィニコットはさらに,遊ぶことはそれ自体が治療であるという見解から,つぎのように述べています。

　治療的処置とは,遊ぶことの内実である,運動性,感覚性の,無定形な体験と創造衝動に対する機会を与えることなのである。そして遊ぶことの基礎の上に,人間の体験的実存全体がうち建てられる。(Winnicott, 1971, 訳書, p. 90)

ここで,ウィニコット自身が子どもと治療関係をもつなかで実施した「スクィグル・ゲーム(squiggle game)」について触れておきます。スクィグル・ゲームとは,もともとウィニコットが子どもとことばを介さないコミュニケーションをとるために始めたものですが,描く作業をやりとりするなかで,子どもの無意識や治療者の心理状態が投影されることがわかり,ひとつの治療技法となったものです。ゲームのやり方について,ウィニコットはつぎのように説明しています。

　このスクィグル・ゲームは,まず私が思いつくままに線画を描き,面接している子どもにその絵を何かあるものに書き換えるように促す,次に子どもが走り書き(squiggle)を描き,私が書き換える,というものである。(Winnicott, 1971, 訳書, p. 22)[4]

---

[4] ウィニコットが患者と面接したときにスクィグル・ゲームを採用した様子については,Winnicott(1971, pp. 169-172)に紹介されている。

図5-1　スクィグル・ゲームの例

(a)線の提示例　　　(b)絵の完成例1：　　　(c)絵の完成例2：
　　　　　　　　　　　スケート靴　　　　　　ギター

　つまり，子どもは治療者が描いた意味のあいまいな線を生かしながら好きなように描き加えて何かの絵にする，そして今度は順番を交代して，子どもが描いた線をもとにセラピストが絵を完成させるというようにして，1回のセッションで何枚かの絵を協働してつくっていきます（図5-1）。スクィグル・ゲームのなかの治療者は，環境としての母親に近い存在であり，子どもと相対する対象でありながらも，子どもの安全を保障し，子どもの主体性や創造性が発揮されることを見守ります。つまり，治療者は，子どもとともに遊びつつ，治療者としてのかかわりを少なく，そして目立たないものにしていくというスタンスをとるのです。さらにスクィグル・ゲームは，子どもと治療者とのあいだに絵という見えるものが介在することで「ジョイントアテンション（共同注意）」が成立し，両者における直接的な情緒の行き交いが適度に和らげられるという意味をも含んでいます。[5]

「本当の自己」と「偽りの自己」

　ウィニコットは，「自己」に関して，「本当の自己」と「偽りの自己」という対概念を想定しました。ウィニコットが考えた「本当の自己」とは，外界の影響を受けずに隠蔽され，「偽りの自己」によって守られているものです。またその「本当の自己」は，「偽りの自己」に社会的な役割を担わせ，あたかも

---

[5] スクィグル・ゲームの解説や事例については，白川佳代子（2001）に詳しく述べられている。

「本当の自己」であるようにふるまわせます。

　ウィニコットは，「本当の自己」が姿をあらわす例として，乳児の身振りを挙げています。乳児の身振りは自発的な衝動の表現であり，それこそが「本当の自己」の源泉であるといいます。母親がこの乳児の身振りに適切に対応できない場合，すなわち，母親が乳児の欲求を感知できないところでは，乳児は母親の身振りに服従する「偽りの自己」を強化させます。これは，乳児の側が母親に適応することで生き長らえるための選択です。ウィニコットは，この状況の臨床像として，乳児の苛立ちや小児の摂食障害などを挙げています。そしてこのような症状は，子どもの成長過程で一時的に消失することはあっても，のちに様相の異なる重症型となってふたたびあらわれるといいます。「偽りの自己」はまた，母親に順応するだけでなく，環境にも服従します。「偽りの自己」は，環境に適応しているかのようにふるまいます。偽りの関係を形成することが重なると，やがて空しさや絶望感がもたらされます。

　「偽りの自己」はこのように，服従から発展して，偽りの適応力を備えた自己ですが，正常なこころの発達においても「偽りの自己」に相当するものがあります。それは，社交術や妥協といった，社会適応の能力としてあらわれます。実際にウィニコットは，「偽りの自己」を一面的に悪いものとしてとらえてはいません。むしろ，「偽りの自己」が「本当の自己」と連続性をもって作動することこそ健全であるとしています。

　　自己の服従的な側面をもちながらも存在し創造的で自発的存在であることのできる健康な個人には，同時に，象徴を活用する能力がある。換言すれば，ここでいう健康は，夢と文化的生活と呼ばれる現実の中間領域に住むことのできる個人の能力と密接に結びついているのである。これと対照的に，本当の自己とそれを隠蔽する偽りの自己とのあいだに深刻な分裂があるところでは，貧弱な象徴作用，貧困な文化生活しかみられないのである。こうした人には，文化的追求の代わりに，極端な落着きのなさ，注意集中困難，外界の現実からの侵害を招き入れる欲求を認めるわけであるが，そのために，こう

した個人の生きている時間というのは，この侵害に対する反応に満ちあふれるという結果になってしまうのである。(Winnicott, 1965, 訳書, pp. 184-185)

人間が精神的，社会的に健康であるということは，「本当の自己」と「偽りの自己」が共存している状態，もしくは，「本当の自己」と「偽りの自己」がそれぞれに均衡を保ちながら，そのつどの状況に適応している状態であるといえます。

「交流すること」と「交流しないこと」

ウィニコットは，外界にはたらきかける「偽りの自己」についての考察を深めるにあたって，「交流すること」と「交流しないこと」という対概念を導き出しています。

> 交流することは，偽りのまたは外界服従的な対象関係をもつことと容易に結びつくが，それと均衡をとるためには，主観的な対象との，実在感を伴う，言葉にならない，密かな交流が周期的にそれにとって代わらねばならない（後略）。(Winnicott, 1965, 訳書, p. 224)

ウィニコットの見解では，乳児が万能感の領域で対象を主観的に知覚するあいだは，その対象との交流は表面にあらわれることはありません。一方，対象が客観的に知覚されるようになると，対象と交流を楽しむことと，対象とは交流せずに自己の中核を守ることの2つが同時に生じます。つまり，交流することのなかには交流しないことも含んでいるという，ウィニコット独特のパラドックスがここにも見られます。「本当の自己」が実在感を得るためには，人は，外界と交流しない姿勢をとる必要があります。その例として，ウィニコットは，重要な関係や重要な交流はことばにならないことを挙げています。

さらにウィニコットは，「交流しないこと」を，休息状態における「ノンセンス（無意味）」と関連づけています。ノンセンスとは，人がその意味のなさを

第5章 ミュージックセラピーを支える理論

伝達する必要も組織する必要もない，休息している個人の精神状態に属するものです。そしてセラピストが，ノンセンスのところに意味を見出そうとすると，クライエントは休息の好機を逃し，それによって信頼関係を壊してしまいます。休息状態は，クライエントが主観的対象との密かな交流を通じて実在感を味わう大切な時間なのです。

　北山は，精神分析の実践において，ことばで解釈する意味のないノンセンスの領域を重要視し，セラピストとクライエントの知的作業が休息する時空として，「ドルドラムの領域（doldrums area）」というウィニコットの用語を紹介しています（北山，1985）。ドルドラムとは，赤道近くの無風状態の「停頓」のことです。北山は，ドルドラムの領域で生じた問題の解決には，風が吹き出すまでの時間と風が吹くのを待つための場所が必要であると述べています。

　ウィニコットはさらに，表面にあらわれる交流と，実在感をともなう無言の密かな交流が行われる中間の領域に，過渡的（＝移行的）な交流があると考えます。そこでは，内的なものか外的なものかを問われることのない移行対象や移行現象があらわれ，それらとの交流を遊ぶことができるというのです。

　言語をともなわないミュージックセラピーの世界では，クライエントの休息状態を尊重することはさほど困難ではありません。いかなる解釈も行わない休息状態を維持することはいつでも可能です。ノンセンスな音が行き来する音楽空間のなかでは，ウィニコットが述べる過渡的な交流も生まれます。ミュージックセラピーにおける即興演奏が意図するところは，「可能性空間」において無意味（＝ノンセンス）を遊ぶことにほかならないのです。ここに，ノンセンスであることが，ミュージックセラピーとして意味をもつというパラドックスがあります。

3　ウィニコットの諸概念から見る臨床例

　ここでは，アメリカの学術誌に掲載された摂食障害の臨床例（Smeijesters, 1996）をとおして，ウィニコットの諸概念とミュージックセラピーの結びつき

について考察します。

母親の機能不全と摂食障害

　スマイスターズ（Smeijesters, H.）は，拒食症患者の性格傾向として，完全主義と脆弱性をあわせもつことを挙げています。拒食症の只中にある人は，何ごとに対しても黒か白かの割り切った判断をする一方で，あいまいな自己像と低い自己評価に起因する不安をつねに抱えています。また，拒食症の人たちの多くに見られる共通した生活背景として，幼少時からの母親の支配もしくは過保護，あるいは反対に，母親からの少なすぎる注目といった母子関係の問題があります。幼いころから母親の注意や心配を受ける必要のなかった模範的な子どもは，成長とともに母親を幸せにする責任を過度に感じます。そして母親を満足させるために，母親の要求や母親の性格を自分の内にとり込みます。「よい子」にとって，失敗することや愛されないことは，自己価値を低下させることになるがゆえに，このような子どもは，人やものとのかかわりにおいて完全主義者とならざるをえなくなるのです。一方，母親の要求や母親の性格に翻弄される子どもは，自己のアイデンティティを確立することが難しく，不確かな自己を克服するために，自分に対する注目や承認の気持ちを他者に喚起するようになります。これらの事情が拒食の行為につながると考えられます。拒食は，過去において他者からの適切な承認を受ける機会を逸した人が，飢えをとおして自己を表現している姿といえます。つまり拒食症は，母親が乳児の欲求や反応に対して適切にふるまえず，そのために，乳児が「偽りの自己」を出現させて母親に適応することで生き長らえることの現実であり，さらに，意図的に痩せた自己という偽りの姿をとおして，環境に対しても偽りの関係を形成しようとするものです。

　スマイスターズは，拒食症の人びとに対する心理的援助のねらいとして，彼らが肯定的な身体像を発達させること，自分自身の視点からの考えをもつこと，自己の希望やニーズを率直に表現すること，摂食行動についての洞察を得ること，否定的感情を表現し葛藤を経験すること，自立と依存は相互に排他的では

第5章　ミュージックセラピーを支える理論

ないことを経験することなどを挙げています。

　スマイスターズはつぎに，アセスメントの段階で見られる，拒食症の人びととの病理的な音楽表現の特徴に言及しています。まずリズムに関する傾向としては，構造が欠如した無定型な音を出し続ける，または反対に，一定の構造を頑なに保持したリズムを奏し続けるといった極端な様相を呈するといいます。音の流れに関しては，フレーズを形成するようなまとまり感がない，または，間のつまったような音の羅列になるといいます。さらには，音を出し続けようとする気持ちがまさって，生命力やあたたかみが感じられない演奏になったり，演奏行為そのものが強迫的，機械的で，ダイナミクスのない硬い表現にとどまったりするとも述べています。総括として，拒食症の人びとは，ゆったりとした音の出し方よりもせかすような，また，小さな音よりも大きな音を出すという共通した傾向が見られるとしています。セラピストとの関係においては，協調性の欠如のために孤立的な態度をとる，あるいは，自他の境界を見失うほどにセラピストに同調する行動を示すといった，やはり極端な傾向が見られるといいます。

　発達期において母親に「抱えられ」たり「包み込まれ」たりする経験が希薄であった拒食症に苦しむ人びとにとって，幼少期の心的外傷経験は非言語的なものであり，それゆえに，言語を介して治療することがむずかしいとされます。したがって，彼らが早期の健全な母子関係を再体験すること，すなわち，抱えられ，包み込まれながら遊ぶプロセスをやり直すには，非言語的な環境が整えられることがふさわしいと考えられます。ミュージックセラピーの出番はまさにここにあるといえます。

拒食症に対するミュージックセラピーの展開

　スマイスターズは，拒食症の人びとに対してまず，秩序と自由，自立と依存といった対概念は両立が可能であることを教え導くことを提案しています。自己を統制することと解放することの均衡を学ぶことは，食べることと食べないことのあいだで揺れ動く気持ちをコントロールし，日常生活に対する実感が確

かなものになっていくことにつながると考えられるからです。ミュージックセラピーでは，セラピストが呈示する規則正しいリズムにあわせてクライエントが新しいリズムやメロディをつくり，つぎには交代してそのセラピストの役割を引き受けることによって，自立と依存が共存するところでさまざまな音楽表現が工夫できることを実感できます。また，音の大きさや速さを変化させたり，協和と不協和の響きをあわせもつ音楽の流れをつくることにより，秩序と自由が混在すればするほど音楽が首尾よく展開していくことを体験することもできます。

さらに，拒食症にあっては，クライエントの完全主義的な性格をゆるめていくための援助も必要です。たとえば，リズムやメロディのまとまりをあえて外すような演奏をうながすことによって，他人からいつも「良く (nice)」見られる必要はないと気づくことを導きます。また，拒食症の人たちにとって，「正しい」や「まちがい」が存在しない即興音楽の世界を経験することも大きな意味があります。痩せることで「完全になる」と思いこんでいるクライエントにとって，正しさを判断したり正しい答えを考えたりする必要のない活動は，「正しい行動」に対するとらわれから解放される場となります。このようにして即興演奏は，クライエントがときには葛藤を経験しながらも遊ぶこととして機能し始めます。クライエントの「偽りの自己」が肥大化して空虚感や絶望感に圧倒される前に，隠蔽されている「本当の自己」と接触することをうながすことができるのです。「可能性空間」に漂い，遊びながら，「本当の自己」との出会いを経験することは，のちに，現実の社会の中で「偽りの自己」を建設的に発揮しながら生きていく前提となります。

4　ビオンの理論とミュージックセラピー

ビオンの母子関係理論

ウィルフレッド・ビオン (Bion, W., 1897-1979) は，イギリスの精神科医であり精神分析家です。ビオンの構築した理論は，精神療法の理論的基盤として，

第5章　ミュージックセラピーを支える理論

現在も重視されています。ウィニコットとビオンは，ともにメラニー・クライン（Klein, M.）[6]の精神分析理論を継承しており，両者の理論は並行して論じられることがよくあります。ウィニコットと同様にビオンもまた，人間の精神的健康の素地は，乳児期において母親によってつくられるものであるという視点を有しています。ビオンは，乳児の内的世界をさらに微視的にとらえ，かつ，母親の無意識の心的機能について詳細に論じています。

　ビオンにおける母子関係の出発点は，乳児が自らの心的領域において，強い不安をともなう感覚印象や耐えがたい情動を経験すると，それらのすべてを断片化し，母親の体内に排出するという幻想にあります。この乳児の営みは投影同一化と呼ばれています。投影同一化の発想は，フロイト（Freud, S.）の「快原理（pleasure principle）」を継承するものです（Freud, 1920）。快原理とは，不快として経験される心的緊張が高まると，生体はその緊張を放出して，心的緊張から解放された快の状態に戻ろうとする原則のことです。

　さて，ビオンの母子関係理論の中心は「包容機能（コンテインメント：containment）」という概念にあります（Bion, 1962）。「包容機能」とは，乳児が不満や苦痛に満ちた情動を母親に投影したときに，母親が自分自身の平静を崩すことなく，そのような乳児の情動を受けいれる能力のことです。ビオンは，受けとめる器としての母親を，「容器（コンテナー：container）」，器に入る中身としての乳児の情動を「内容（コンテインド：contained）」と称し，この対概念によって論を展開しています。ビオンの「包容機能」がウィニコットの「抱える機能」と異なる点は，包容機能は，乳児の耐えがたい情動を乳児にとって消化できるもの，あるいは対処できるものに変換して乳児のもとに戻すという作用を含んでいることです。また，ビオンの「容器」と「内容」は，それぞれ静的な状態にあるものではなく，結合と生産をもたらすダイナミックな現象を意味しています。そのことから，「容器」を♀，「内容」を♂という記号であらわされることもあります。

---

[6]　Klein, M.（1882-1960）：ウィーン出身の精神分析家。児童分析を専門とし，フロイト以降の精神分析に大きな影響をあたえた。

包容機能とパーソナリティ形成

　母親の包容機能をとおした，子どものパーソナリティ形成について見ていきます。

　ビオンは，母親の包容機能によって変換された感覚印象や情動体験を「アルファ要素」，アルファ要素に変換する機能を「アルファ機能」と名づけました。乳児の泣き声や動作は，母親がそれらをしっかりと受けとめて「アルファ機能」を発動すれば，その泣き声や動作に含まれるさまざまな情動はアルファ要素に変換されます。アルファ要素は，記憶に保存することが可能になったイメージとして，夢の思考になったり，現実の思考内容に豊かさを加えるものとなります。包容機能の発動によって，乳児の情動を思考として使用可能なもの，あるいは記憶として保持されるものに変容させる母親の心的能力のことを，ビオンは「夢想（reverie）」と称しています。しかし母親が，乳児の泣き声や動作を不快なものとして受けとめない場合には，後述の「ベータ要素」にとどまり，以後の乳児の感情や思考に何ら寄与しないものとなります。

　「♀」と「♂」を用いて個人の成長を描くとすれば，パーソナリティは，子どもの情動♂が母親♀に連結することのくり返しによって形成されるということになります。♀♂の連結が好ましいものであれば，すなわち母親がアルファ機能をつねに活性化し，子どもが排出したベータ要素をアルファ要素に変換して子どもに戻すことができていれば，やがて母親のアルファ機能は子どものなかに内在化されます。そうすると，子どもは自らアルファ機能を発動させることができ，その結果，思考を発達させることができるようになります。すなわち，子どもは，自己の内部で「♀」と「♂」の自由な連結を生み出すことにより，自己のパーソナリティを発達させていくのです。

　なお，ビオンは，統合的な「♀」と「♂」の連結だけでなく，否定的な「♀」と「♂」の連結についても論じています。包容機能は，場合によっては寄生的，破壊的ともなりうるというのです。この点においても，包容機能は，つねに発達促進的な概念であるところのウィニコットの「抱える機能」とのちがいがあります。乳児の投影同一化に対して母親自身が不安をもってそれに耐

えられない場合，すなわち乳児が過剰に情動の排出を続けて母親が傷つくとき，もしくは母親が「容器」として適切に機能しない場合には，母親は乳児の情動を抱えることができなくなります。そこでは，「♀」と「♂」は建設的に結びつかないか，互いを破壊するようなやり方で結びつくかのいずれかとなります。そのとき乳児の情緒体験は途絶し，思考への道筋は閉ざされます。ビオンの理論にとって個人の成長を阻むものは，子どもの投影同一化に耐えられない母親，つまり，子どもをとりまく環境側の不安や無感情であることがわかります。ビオンは，母親のこうした包容機能の不全が，つぎに見るような「精神病的パーソナリティ」を強くすると考えます。

「精神病的パーソナリティ」と「非精神病的パーソナリティ」

　ビオンは，すべての人間には「精神病的パーソナリティ」と「非精神病的パーソナリティ」が備わっているといいます（Bion, 1955）。「非精神病的パーソナリティ」は，内在化されているアルファ機能がつねに作動している状態のことです。前項で見たように，記憶に保存可能なイメージとしてのアルファ要素は，覚醒時の無意識的思考のなかで使われて，思考内容に豊かさを加えるだけでなく，夢見や象徴形成にも寄与します。シミントン（Symington, J.）とシミントン（Symington, N.）は，アルファ機能の例として，私たちがふだんの会話において，話されている話題の内容だけでなく，その瞬間の情動経験のすべてに反応して，視覚的なイメージを浮かび上がらせると解説しています（Symington & Symington, 1996）。一方，非精神病的パーソナリティが優勢であってもアルファ機能の不全を起こす状況については，母国語以外の言語に囲まれる外国生活のなかでの戸惑いを例に挙げています。つまり，話されていることばのひとつひとつの意味は理解でき，かつ，そのことばを使って話すことさえできても，それらのことばはこころの深部では消化できているものとはなっていないといいます。外国語というものは，さまざまなイメージをかきたてるような共鳴や連想をもって聞いたり話したりすることができないというのです。

　他方，「精神病的パーソナリティ」は，アルファ機能が内在化されていない

ために，欲求不満や苦痛を耐えがたいものとして回避する試みがなされることから形成されます。それらが回避される経験が重なると，こころは考える方向へと発達せず，「ベータ要素」を放出しようとする装置に変わってしまいます。シミントンとシミントンは，ベータ要素とは，「心に抱いておれないような事象」「意味の欠けている感覚印象，あるいは欲求不満を起こす名前のない感覚」と説明しています（Symington & Symington, 1996）。すなわち，ベータ要素は，こころのなかで消化されることができず，異物として「もの自体」のように感じられるものです。それは心的な事象でありながら身体的事象としても経験されるため，筋肉組織を使って心的緊張を排出するような行為となる場合もあります。ベータ要素の排出は，日常的な事象として，「くだらないおしゃべり，こんぐらがって目鼻のつかない話，イメージをかきたてない単調な素材の垂れ流し」などとなります（Symington & Symington, 1996）。

ミュージックセラピストの包容機能

　ビオンの母子関係理論は，ミュージックセラピーおいてどのように適用されることができるでしょうか。ビオンの「包容機能」は，クライエントが自分ひとりでは抱えきれない不安や恐怖を音に託してセラピストに投影したものを，セラピストが音によって受けとめることとして読み替えることができます。すなわち，セラピストの包容機能のもとでは，クライエントの環境に脅威をもたらしている「ベータ要素の音」が，セラピストのアルファ機能によって，消化できる性質の，あるいは思考の素材となるところの「アルファ要素の音」へと変換され，クライエントに戻されるということです。アルファ要素化された音とは，たとえば，穏やかな音色，安定したテンポ，調整されたリズム，輪郭の整ったメロディなどを挙げることができます。それらは，クライエントの内に戻されると，思考の発達や他者交流の促進に寄与するものとなります。ウィニコットの「抱える機能」と同様に，包容機能もまた，このようにミュージックセラピーのなかでていねいに再体験されることにより，クライエントに内在化されます。クライエントは自らアルファ機能を発動させて，情動経験を感覚イ

メージとしてとらえていくようになります。その営みは，夢見や象徴形成の具現化としての芸術活動の領域に入っていくことにつながり，必然的に非精神病的パーソナリティの特徴を優勢にさせていきます。「包容機能は目標ではなく，基本的なセラピー関係である」というベッカー（Backer, J.）の見解は，このようにミュージックセラピーにおいて真実となります（Backer, 1993）。

さて，ビオンもウィニコットと同様に，精神分析理論の展開において芸術や文化をたえず視野に入れています。最後に，ビオンの理論における，「変形（transformations）」という概念から芸術的な営みについて考えます。

ビオンは，絵画や音楽は情動経験が一定の規律と規則に基づいて「変形」されたもので，その規律や規則が理解できる人のあいだで情動経験が共有できると考えました。たとえば，遠近画法や色彩法は，送り手側と受け手側とのあいだのルールとなって，情動の共有に貢献するといいます。ビオンの「変形」は，まさに制作者と聴衆のあいだに橋を架ける象徴形成のことを言いあらわしています。「変形」の概念はまた，「音楽は，人間の直接の自己表現ではない。情緒，気分，精神的緊張と弛緩の形式化と表象である」（Langer, 1957, 訳書, p. 270）というランガー（Langer, S. K.）のことばとも重なりあいます。絵画や音楽をはじめとする芸術が精神療法に導入されれば，援助者と対象者はたがいに象徴表象の萌芽をもって交流することになるのです。

第 6 章

ミュージックセラピーの実践

　ミュージックセラピーにおける音楽の意味やミュージックセラピーの背景をなす理論を見とおしたいま，本章では，即興的な音楽表現をめざすミュージックセラピーの実践について具体的に述べていきます。

1　実践に先立つ要件

楽器の準備

　ミュージックセラピーにおいてあらわれる音楽をより発展的なものにし，即興演奏をより深い意味のあるものにしていくためには，適切な楽器が準備される必要があります。それらは，クライエントにとって演奏技術上の困難がなく，なおかつ上質の音を得られるものでなくてはなりません。楽器はまた，言語に代わる交流に耐えられるだけの，あるいは自己を映し返す道具となりうるだけの豊かな響きを備えていなければなりません。クライエントの年齢が低い場合にも，子どもであるからといって遊具のような楽器で済ませることは禁物です。楽器は単に音の出るモノであることを超えて，ある種の他者性をおびています。アルヴァンは，子どもと楽器との関係についてつぎのように叙述しています。

　　楽器の演奏は，すべて楽器そのもののもつ物理的な抵抗を利用している。この抵抗が子どものいろいろなものについての知覚を呼び覚ます。(中略)こうした抵抗あるいは手ごたえを通じて，子どもの心に，自分が何かを支配しているという感じと，支えられているという感じの両方が生まれる。つまり子どもは，自分が主人だと感じると同様に，この楽器は自分の味方だと感

じる。(Alvin, 1978, 訳書, p. 39)

具体的には，第3章で紹介したオルフ・インストゥルメンタリウム（オルフ楽器群）からなるべく多く選ぶことがふさわしいと思われます。

音楽活動の展開

第2節以下では，ミュージックセラピーの活動例として，リズムおよびメロディの要素を中心とした即興演奏，音楽理論の知識をともなう音楽つくり，特定の構造をもたない音楽の即興演奏，オルフが提示した音楽形式をもとにした合奏，視覚媒体を付加した即興演奏，の順に紹介します。ここに挙げた音楽活動はすべて，特定の病気や障害をもったクライエントを想定したものではありません。セラピストとクライエントが協働してさまざまな音楽の要素を組みあわせればどのような音楽ができるか，その試みの方法とつくられていく音楽の様相を例示したものです。したがってこれらの活動は，ミュージックセラピーの場のみでなく，通常の音楽教育やさまざまな状況でのグループ活動にも適用することができます。ただし，表現の煩雑さを避けるために，活動の対象者をクライエント，活動の実践者をセラピストという呼称に統一しています。

活動例の提示についてはさまざまな方法をとっています。譜例で紹介しているもの，活動の進め方を解説したもの，臨床例として挙げているものなど，活動の特性に応じて説明の仕方を変えてあります。また，いくつかの活動には，セラピストとなる援助者に一定程度の演奏技術や音楽に関する知識を求めるものもありますが，大半は，援助者に言語コミュニケーションの「センス」があれば，容易に試すことができるものです。

2　リズムの特性を強調した即興演奏

音のリレー（リズム送り）

音のリレーは，セラピストが開始するリズムパターンを，セラピストの隣り

第6章 ミュージックセラピーの実践

譜例6-1 音リレーの例

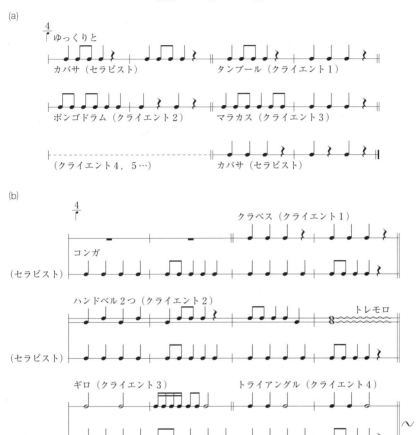

に座っているクライエントが受け継ぎ，パターンを発展させて，以後，隣りへ隣りへと順に音を送ってつないでいく即興演奏です。グループは輪になって座ります。コンガや大きな太鼓など立って演奏する楽器を選択する人がいれば，その人たちも輪のライン上に位置して立ちます。音のリレーは，メンバー全員が平等に参加できるという点で，グループセッションを開始する際のウォーミングアップとしても効果的です。音のリレーはまた，音を出す順番が各人にあらかじめ了解されている，他の人のアイデアをもとに自分のリズムが考えられ

る，などのゆるやかな枠があるために，誰もが安心して参加できます。さらには，好みの楽器を自由に選択できることも，この活動を親しみやすいものにします。音のつなぎ方については，最初に何らかのとり決めをします。たとえば，前の人のテンポは保持しながら，リズムのパターンを少し変化させてつぎの人に送っていく，などです（譜例6-1(a)）。そこでは，タイミングよくつながれていく音の連鎖や，クライエントひとりひとりの手のなかで少しずつ変化するリズムをゆっくりと味わいます。また別のアイデアとして，セラピストが一定のリズムパターンを演奏し続ける上に，クライエントたちがセラピストに調和する音の動きを考えて，音をリレーすることもできます（譜例6-1(b)）。ここではセラピストの音は，クライエントの音の底流をなし，クライエントひとりひとりの反応を一貫して支える役目となります。クライエントはみな平等にセラピストとの二重奏を体験することができます。

　一方，音のリレーは，多少なりとも構造的な流れがあるだけに，音を受け継いでいくことに責任がともないます。それゆえに，音を途切れさせないようにするあまり，必要以上の緊張感をもたらすことがあります。セラピストは，クライエントたちがたがいの行動を鷹揚に受けとめることができるような，穏やかな雰囲気を維持するように努めます。

交互奏と同時奏

　交互奏は，比較的大きな楽器を共有して，あるいは同質の楽器を2種類使って，ふたりが交互に音を出しあう即興演奏です。コンガとボンゴといった大きさも音色も類似した打楽器を準備されると，それぞれの音がきれいに絡みあって楽しい雰囲気になります。ペアの構成は，セラピストとクライエント，あるいはクライエント同士のいずれの組みあわせも考えられます（譜例6-2）。

　交互奏は，人と人とが交流する際の基本的なルールを包含しています。相手にはたらきかけるタイミングと相手からのはたらきかけに応じるタイミングをつかむことは，ことばによる交流にしても，身振り手振りなどによる非言語的な交流にしても，日常生活において円滑な対人交流を維持するのに不可欠な要

第6章 ミュージックセラピーの実践

譜例 6-2　コンガの共有による交互奏の例

素です。交互奏は音のキャッチボールともいえます。相手の音の大きさに釣りあう音が出るように自分の力を調整したり，相手のリズムパターンを拾い，バリエーションを加えて音を返したりしながら，協働的な即興演奏に変化とユーモアを添えるような音のやりとりをします。交互奏では，たがいに近い距離のなかで同じ姿勢をとって音をやりとりするため，相手の手や全身の動きを視界に入れて，交代するタイミングを読みとることが可能です。あるいは，交代の合図を視線で送るといった非言語的な指示を送りあうこともできます。たがいに自分の音を相手に受けとめやすくするための配慮ができるようになれば，即興音楽自体も生き生きとしたものになり，活発な「対話」が続いていきます。

　また，交互奏をするときと同じ楽器配置で，ふたりが同時に音を重ねあう同時奏を楽しむこともできます。このとき，たがいの役割をあらかじめ明確にしておくと，音が絡んで混沌としてしまうのを防ぐことができます。たとえば，ふたりのうちのどちらかが基礎となる拍子またはリズムを担当し，もうひとりがその安定した動きの上に自由に音を重ねていくといったとり決めをすることが考えられます。ひととおりの演奏が終われば，ふたりのあいだで役割を交代します。演奏の基礎となる流れを維持する音を供給することと，その音の流れに乗りながら新たなリズムのアイデアを瞬時に実現させていくことの両方を体

譜例6-3　コンガとボンゴによる同時奏の例

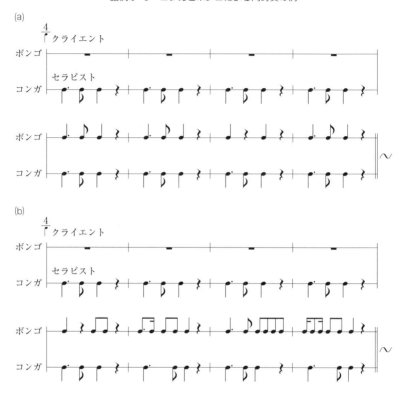

験すると，音楽がもつ階層構造を体感的に理解することができます。

　譜例6-3はいずれもロックのリズムを基礎としています。譜例6-3(a)の音楽では，クライエントはセラピストの基礎リズムから適度に離れることができていません。セラピストの動作や音から離れていくことに不安がある状況で，両者の重なりに立体感が感じられません。譜例6-3(b)の音楽では，クライエントは，セラピストの動きに添いながらも新たな音の連なりを自主的に模索し，同時奏を楽しんでいます。ロックのリズムの代わりに，チャチャ，ルンバ，タンゴ，サンバ，スウィング，ジャズワルツなど，明快で動きのあるリズムパターンをとり入れると，さらに変化に富んだ音楽体験へいざなうことができます（譜例6-4）。

第6章 ミュージックセラピーの実践

譜例6-4 リズムパターンの種類

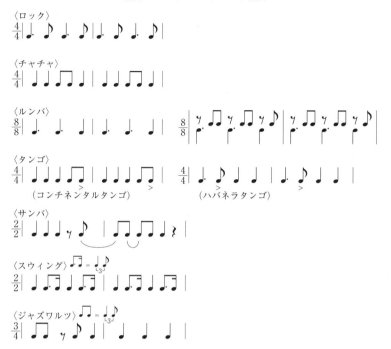

　交互奏でも同時奏でも，ふたりで音をあわせていくことに慣れてくれば，たがいの姿があえて見えないように，背中あわせで音を出しあうことを試みることも可能です。クライエントが楽器に接すること自体に慣れていない状況では，このような位置関係をとることは控えなければなりませんが，リズムのやりとりがマンネリ化してきたときや，同時奏においてふたりのリズムが同じパターンで重なってしまいがちなときには，こうした多少のスリルを体験する提案をしてもよいでしょう。このアイデアは，顔を見あわせて行うときと同じようなタイミングのあった演奏ができることをめざすのが目的ではありません。非言語的なメッセージを送ることも受けることもできないという，いわば非現実的な状況のなかに身を置く不安を，適度な緊張感と楽しさに変えていく心的態度に焦点があたります。

3 メロディの要素を軸とした即興演奏

五音音階

　五音音階（ペンタトニックスケール）は，1オクターブの中に5つの音をもつ音階の総称です（譜例6-5）。世界中の多くの伝統音楽が五音音階で構成されています。一般的な五音音階は，隣りあう音同士が半音（短2度）の関係にないため，任意に選ばれる2つの音が同時に鳴っても不協和な響きにはなりません。半音関係のない五音音階をとくに全音的五音音階と称します。アフリカ，ネイティブアメリカン，ポリネシア，スコットランド，アイルランド，東ヨーロッパ（マジャール系民族）などの民族音楽の大部分は全音的五音音階でできています。また，日本の伝統音楽における「民謡音階」と「律の音階」も全音的五音音階です（譜例6-6）。ミュージックセラピーでは，不協和な響きを生じないという五音音階の特性を効果的に使います。五音音階に基づく合奏は，複数の人が同時にメロディを演奏しても，音がぶつかりあう感じがしないばかりか，多声音楽のおもむきさえ感じられます（譜例6-7）。

　全音的五音音階はまた，長音階や短音階のシステムとはちがって，音階を構成する音同士の支配関係が緩やかなため，音の連なりが自然にまとまって素朴なフレーズ感をもたらす性質があります。これは五音音階における核音とよばれる音の機能によるものです。核音とは，旋律の中核となる，ある特定の音程内の安定した音のことです。これらは，旋律の重心として他の音をひき寄せる役目を果たします。カール・オルフ（Orff, C.）も，『オルフ・シュールヴェルク』において全音的五音音階を多用しています。全音的五音音階は，とりわけ音盤の取り外しが可能なシロフォンやメタロフォンが準備されれば，使用する5つの音以外の音盤はあらかじめ外して演奏にとりかかることができます。

　一方，朝鮮，インド，インドネシアなどの伝統音楽の五音音階は音の並びに半音関係を有するもので，半音的五音音階と呼ばれます。日本の伝統音階のうち，「都節音階」と「琉球音階」も半音的五音音階です（譜例6-6）。半音的五

第6章　ミュージックセラピーの実践

譜例6-5　五音音階（ペンタトニックスケール）の基本

注：五度圏の最初の5つの音（ド→ソ→レ→ラ→ミ）を並べなおしたもの。

譜例6-6　日本の伝統音階（△音符は核音）

譜例6-7　五音音階による即興演奏の例

譜例6-8　琉球音階による即興演奏の例

音音階は，半音を構成する音が同時に鳴ると不協和な響きを生じますが，それぞれに個性のある音楽を展開できます。たとえば，琉球音階は，1オクターヴの音を順に鳴らしてみるだけでも，沖縄の風景や舞踊のイメージが喚起されます。また異国風の響きをもつ音楽を即時につくり出す体験には，独特の喜びと興奮がともないます。このような性質のために，琉球音階を使って行う即興演奏は，リズムとメロディの調和に集中しながら意欲的にとり組まれることが期待できます（譜例6-8）。

四音または三音による即興演奏

　上に見るとおり，五音から成る音階は音楽構造として確立しているもので，私たちが日ごろよく耳にする音楽の基礎を形成しています。五音音階による即興演奏に慣れてくれば，1オクターヴの構成音を4つ，あるいは3つに減らしてしまうとどのような音楽になっていくかを試みる提案をすることが考えられます。選択肢としての音の数は減りますが，制限が大きくなるほど，その限られた条件のなかで，音の配列が工夫されたり，リズムの要素が巧みに付加されるといったアイデアが生まれてくるものです（譜例6-9）。さらに，2つ以上の楽器で合奏すると，わずかな音しか使っていないとは思えないような豊かな響きや流れに出会うこともあります（譜例6-10）。なお，四音または三音は，たがいに半音関係にならないものを選択します。

教会旋法

　教会旋法（church mode）[1]を導入した即興演奏は，新奇な感覚の音楽体験を

第 6 章　ミュージックセラピーの実践

譜例 6-9　三音（ミ・ソ・ラ）による即興演奏の例

譜例 6-10　四音（レ・ミ・ソ・ラ）による即興演奏の例

譜例 6-11　教会旋法の種類

導くのにふさわしい活動のひとつです。旋法とは，音楽が単旋律であった時代の音列構造で，ふだん私たちがなじんでいる長音階と短音階が確立する以前に使われていたものです。教会旋法による音楽は長調や短調の曲とは異なるおもむきをもっています。それはたとえば，教会旋法が用いられていた中世のころ

---

(1)　教会旋法には，ドリア旋法，フリギア旋法，リディア旋法，ミクソリディア旋法，エオリア旋法，ロクリア旋法，イオニア旋法の 7 種類がある。

譜例6-12　ドリア旋法におけるドローンの例

譜例6-13　ドリア旋法による即興演奏の例

の西洋の町並みを想像するような響きといえるかもしれません。

　譜例6-11は，ドリア旋法，フリギア旋法，リディア旋法，ミクソリディア旋法で，いずれも鍵盤楽器の白鍵にあたる音のみの音列構成になるような終止音が選ばれたものを示しています。音列をこのように設定すると黒鍵が必要でなくなることから，ミュージックセラピーによく使われるシンプルなシロフォンやメタロフォンなどを活用した即興演奏が，より行いやすくなります。

　教会旋法は，いずれも終止音と支配音が中心になってメロディがつくられます。この終止音と支配音のいずれかがフレーズの収まりの音として選択されさえすれば，音の動きや区切りを操作しやすく，即興的にメロディを考えつくことが容易にできます。さらに，メロディが終止音と支配音を主とするドローン

第6章　ミュージックセラピーの実践

譜例6-14　中東風音階

譜例6-15　中東風音階による即興演奏の例

によって支えられると，重厚な響きをもつ音楽となります（譜例6-12，6-13）。

中東風音階

　一般に，シンバルやドラムを力まかせに叩くことが好きな子どもは，身体動作と感覚器官の刺激を求めるあまり，音の響きを味わう余裕を欠いています。このような状況において，リズム以外の要素を導入することは，子どもの意識を身体的なレベルから認知的なレベルへと移行し，音に対する新たな気づきへと方向づけることにおいて重要です。中東風音階（mid-east scale）は，打楽器の力強い響きによくなじむ性格をもつことから，このような状況に導入するのにふさわしいアイデアのひとつです（譜例6-14）。セラピストが中東風音階によるなめらかなメロディをシロフォンやメタロフォンなどで演奏すると，子どもがくり広げている打楽器の世界に侵襲することなく分け入ることができます。子どもは自分の音が音楽の流れに生かされていく感覚を体験し，周囲の状況にも注意を向けるようになります。もっとも，中東風音階を用いてメロディを演

奏するには，音列の理解とある程度の演奏技術が必要なため，大人のクライエントであってもメロディの役割を引き受けることはややむずかしいと思われます。クライエントが打楽器を担当する以外では，弦楽器やピアノでドローンを演奏することで即興演奏に貢献することが考えられます（譜例6-15）。

　中東風音階は，異国の情景のイメージを喚起するなど，未知の世界への想像力を刺激する可能性をもっていますが，一方で，この音階に含まれる増音程の特性により，不確かさや不安が助長されるおそれもあります。中東風音階を幼い子どもや情緒不安定な傾向にある人たちに適用する際には，あらかじめの検討を要します。

4 音楽理論（楽典）の知識をともなう即興演奏

　ミュージックセラピーの場面では，音楽の特別な知識を要する活動を行うことはまれです。たとえば，楽譜を導入することは音の「読み書き能力」を必要とするために，音楽になじみの薄い人や，もともと音楽嫌いの人には敬遠されがちです。しかしながら，クライエントのなかには，楽譜をとおして知的な刺激を求め，記譜の仕方や和声の知識を獲得することで，日常生活への自信につなげたいと考える人たちもいます。音楽理論（楽典）の知識をふまえて音楽をつくる活動は，このような状況にふさわしいものです。

リズム譜の制作と合奏

　まず，1拍としての四分音符と音価（音の長さ）の等しくなる音符の集合について学習します。その際にたとえば，八分音符なら2つ，十六分音符なら4つ集まったものが四分音符の1拍分に等しいことが視覚的に理解できるように，1拍ごとに1枚の音符カードをつくります。また四分休符も紹介し，1枚のカードに加えます（譜例6-16(a)）。以上のカードを自由に組みあわせてリズムパターンをつくっていきます。カードの1枚1枚は，リズムを形成するモチーフとなります。カード1枚ごとの音符がすべて同じ時間の長さをもつことが了解

第6章 ミュージックセラピーの実践

譜例6-16 音符カードによる音楽つくり

されると,拍子を理解することは容易になります。すなわちカードを4枚つなぐと4拍子,3枚であれば3拍子のパターンができます(譜例6-16(b))。こうしてできあがったリズム譜を,ドラムで何度もくり返すと,そのパターンは,演奏の基礎をなすリズムやオスティナートとなります。あるいは,1拍のモチーフをより長くつないでいくと,立派な打楽器譜となります(譜例6-16(c))。それは,クライエントがソロで演奏することにチャレンジする作品となるだけでなく,1小節または数小節ずらしながら演奏を開始するカノン形式の合奏作

143

譜例 6-17　交互奏から同時奏へ移行する混合拍子の合奏例

品としても活用できます。このように，音符カードという視覚媒体を効果的に応用すれば，より複雑な構造をもつ即興演奏を展開することができます。

混合拍子による合奏

　即興演奏において，安定したリズムパターンが持続しすぎると，新たな局面への発展が期待できないことがあります。このような硬直した状況を打開する方法のひとつとして，混合拍子を導入することが考えられます。混合拍子とは，単純拍子（2拍子，3拍子，4拍子）が組みあわさってできる拍子のことです。たとえば，2拍子と3拍子（あるいは3拍子と2拍子）が1単位となって反復されると，5拍子ができます。また，2拍子＋2拍子＋3拍子（4拍子＋3拍子とも考えられる）を1単位とすると7拍子になるなど，日常ではあまりなじみの

ない新鮮なリズムとなります。

　2拍子や4拍子の音楽は，単純で安定した身体の動きに容易に調和しますが，5拍子では，その拍に身をまかせてリズムをとることはほとんど不可能になります。適度な集中力をともなう即興演奏は，緊張とスリルの混じった新しい体験となります。

　譜例6-17は，3拍子と2拍子の組みあわせの5拍子による，セラピストとクライエントの合奏例です。最初のうちは，クライエントがドラムを3拍叩いてはセラピストが2拍分のメロディを即興するというゲームのような交互奏を続けます。このやりとりが円滑に行えるようになると，セラピストは，セラピストの奏でるメロディパートにもドラムを加えることをクライエントに提案します。ほどなくセラピストの側も，クライエントがドラムのソロ演奏をしている3拍子の部分にメロディをのせます。交互奏から同時奏への変化を経験するなかで，クライエントは，身体コントロールの指令を自らに発しながら，複雑な拍子構造を維持した演奏をすることに達成感を味わうことができます。

拍子の変換

　これは，既存の楽曲を採用するとり組みです。なじみの歌を活用すると，全面的に新奇な音楽体験をクライエントに強いることが回避できます。拍子の変換という作業において，親しみのある音楽のなかに少しの目新しさを発見することは，彼らがさらなる発展的なアイデアを考えたり，より独創的な演奏をすることへの動機づけとなりえます。ただし，拍子感がしっかりと身についていて，なおかつ，耳にする音楽が何拍子の曲であるかがつねに正確に答えられるクライエントにのみ適用できる，音楽的にはやや高度なものといえるかもしれません。

　最初に，よく知られている楽曲のなかから，なるべく平易で短い曲を選びます。少々幼い感じの曲であってもクライエントから出てきたアイデアはすべて採用します。まず，選んだ曲を，手たたき，もしくはドラムなどで拍子をとりながらみんなでうたう，またはセラピストが演奏することによって（ごく簡単

譜例6-18　歓びの歌

譜例6-19　赤とんぼ

なものであればクライエントがピアノやシロフォンで演奏することもできるでしょう），何拍子であるかをしっかりと確認します。それから，その曲が4拍子であれば3拍子に，3拍子であれば4拍子に変換してうたったり演奏したりすることを試みるのです。うたう場合には，変換した拍子に歌詞もうまくはまっていることを確かめていけるように，手たたきやドラム打ちも加えます。変換した拍子でクライエントのひとりが演奏する際にも，他のクライエントはうたうことで，あるいは手たたきを添えて応援します。いずれにしても，拍子を変えて正しく演奏できることを目標にして何度も練習することには意味がありません。ここでは，既存の作品の型を破る新奇な体験とスリルのある流れに焦点があてられるべきです。むしろ，誰かがどこかでまちがえたりつまずいたりすることで，グループのなかに笑いや無邪気な指摘があらわれることを期待したいものです。変換した拍子が安定してくれば，4拍子に変換されたものなら「ルンバ」や「タンゴ」，3拍子に変換されたものなら「ジャズワルツ」のリズム（譜例6-4参照）などに乗せてうたったり演奏したりすると，もとの曲がどのような性格のものであれ，洗練された音楽になっていくことが体感できます。このような

事情においては，選ばれる曲は幼い感じのものであるほど，拍子を変えたあとの雰囲気との落差があっておもしろいかもしれません。

ベートーヴェン作曲の「歓びの歌」は，4拍子の曲を3拍子に変える試みのもっとも容易な例のひとつです（譜例6-18）。また，3拍子から4拍子への変換のための簡単な例としては，「赤とんぼ」を挙げることができます（譜例6-19）。ただしいずれも，メロディの譜割り（1小節のなかでの各音の長さ）は，譜例以外にも考えられます。

この活動ではまた，たとえば，ふだんはあまり積極的に音楽に入っていこうとしないクライエントから曲目の候補があがってくるなど，クライエントひとりひとりの知識や技量が場の発展性に貢献する局面もよく見られます。

リズムとメロディに関する発展的なアイデア

「創造的音楽学習」を提唱したジョン・ペインター（Paynter, J.）[2]は，リズムやメロディの構造を新しい目でとらえ，「新しい耳」をもつことの重要性を説いています。ペインターは，受け継がれてきた音楽に慣れて親しみすぎると，音楽とはこういうものだという固定観念にとらわれて，新しい発想で音楽をつくっていくことがむずかしくなるといいます。その上で，実際の教育の場で創造的な音楽つくりをするための課題を，指導者にも生徒にも数多く提示しています。ここではそのうちの，ユーモラスな小課題を2つ紹介します。それらは，上述の，既存の楽曲の拍子を変えるという試みの延長線上にあるとみなせるかもしれません。

ひとつは，「メロディックではないメロディをつくろう」，もうひとつは，「リズミカルではない作品を打楽器でつくろう」というものです（Paynter, 1992, 訳書, p. 141）。ペインター自身は，これらの課題に対して演奏のヒントも模範解答も示していません。メロディックでないメロディとは何か，打楽器でリズミカルではない音楽が表現できるのかということについて，まず私たちが

---

[2] Paynter, J. (1931-2010)：イギリスの音楽教育学者，作曲家。演奏技術を中心に置くのではなく，創造的な音楽学習をとおして子どもの創造的な可能性をひき出す音楽教育を提唱した。

譜例6-20　簡単なコード進行の例

　どう考えるのか、ペインターはその時間を私たちにあたえているようです。臨床の場でも、ときにはこのような知的な問いかけをクライエントに投げかけ、ともに考える時間を共有する機会をつくることは必要であると思われます。「答え」は実際にうまく引き出せなくても、あるいはどのような音楽が「答え」として試みられても、それは重要なことではないのです。

コード進行をもとにしたメロディの創作

　ポピュラー音楽に多少なりともなじんでいるクライエントにとって、「C」や「Am」などのコードネームの意味を学ぶことは、知的欲求を刺激します。
　まず、音を記す学習をします。五線上に音符を置くことについての理解が困難な場合は、「ド」「レ」「ミ」といった文字で代用します。つぎに、コードネームの意味とコード（和音）の構成音との関係について説明します。そののち、簡単なコード進行を提示して、まずそれぞれのコードの構成音のみからなるメロディを、シロフォンなどを使って即興でつくることを試みます（譜例6-20(a)）。できあがった作品は、セラピストがコードの伴奏をつけながらピアノで弾いて、全体の響きを味わいます。コードの構成音でメロディをつくることに慣れてきたら、経過音(3)などを加えることを提案し、メロディがなめらかになる方法を教示していきます（譜例6-20(b)）。ピアノでコードを押さえることをク

---

(3)　経過音：非和声音（特定の調性内で機能する和音に属さない音）のひとつで、和音に属する音から音への橋渡しをする音のこと。

第6章 ミュージックセラピーの実践

譜例6-21 コードプログレッションの導入による即興演奏の例

ライエントに習得してもらい，セラピストはそのできあがったなめらかなメロディを弾くといったピアノ連弾を試みるのもよいチャレンジです．譜例6-21の2例は，いずれも比較的難度の高いものですが，クライエントに多少なりとも楽器の演奏経験があれば，このような展開は可能であると思われます．

5 特定の構造をもたない音楽の即興演奏

　グループセッションによる音楽活動において，リズムやメロディの構造に縛られずに自由に音を出しあう即興演奏のアイデアを2つ例示します．

気分を語り継ぐ音のリレー

　ここでの音のリレーは，その日そのときの思いをひとりひとりが順番に音で表現していくというものです．晴れ晴れした気持ちだとかふさぎ込んでいるといった気分の描写だけでなく，今朝はなかなか起きられなかった，今日はきれいな青空で気持ちがいいなど，何でも思いついたことを楽器で表現することをうながします．このリレーは，抽象的な事象を音に反映させることについての理解が必要であるため，小さな子どもよりも大人を対象にしたグループで採用するのがふさわしいと思われます．また，セラピストが簡単な例を示すことから開始すると，クライエントの反応を引き出しやすくなります．この即興演奏は，自己の感情を正確に音に移し変えようと試みることが目的ではありません．重要なことは，クライエントが，リズムやメロディの流れなど音楽の構造を気にすることなく，音色，響き，音の大きさや高さの変化といった「音そのもの」を味わいながら，自らの気持ちに寄り添っていくということです．

　音のリレーが終わると，「何かことばで補うことがあったら話してみてください」というように言語表現の機会を提供します．クライエントには，音であらわしたことの説明や補足をしたいとか，自分の音が相手にどのように届いたかを確認したいなどの思いがあるかもしれないからです．またそこでは，演奏の印象をたがいに述べあったり，語られた情緒体験に共感しあうなど，クライ

エント同士の心的交流がことばによって深められる可能性もあります。

〈例〉
セラピストの提示：「秋になって少しずつ風がつめたくなってきたので，きょうは寒いなあという感じをあらわしてみます。同じように，今の気分や感じていることなどを音で表現してみてください」
セラピスト：クラベスで短い音をいくつか鳴らす
クライエント1：大きな動作でスレイベルを振る
クライエント2：ボンゴドラムをゆっくり叩く
クライエント3：トライアングルを強く1回鳴らす
（このあと，各自の音表現に関連する自由なコメントを求める）
クライエント1：「家の近くに小さな川があって，今朝はそこで幼稚園の子どもたちが網をもって遊んでいるのを見ました」
クライエント2：「まだ眠いという感じをあらわしました」
クライエント3：「音といっしょに深呼吸をしてみようと思いました」

テーマ即興

テーマ即興とは，演奏のテーマとなる題目を設定し，そのイメージにあった音楽をつくる作業です。テーマは，クライエント同士の話し合いで決定されることが望まれます。しかし，テーマを思いつく手がかりが何もなければ，決定するまでにかなりのエネルギーと時間を消費してしまうこともあるので，最初のうちは，セラピストがテーマの決定につながるようなアイデアを提供するのがふさわしいでしょう。たとえば，自然の風景，季節や天気にまつわる話題，旅行や日常生活に関連することがらからテーマを考えてほしいと伝えます。テーマ即興の導入期には，「木枯らし」や「小川のせせらぎ」といった，音を想起しやすく，それゆえに楽器の選択も容易と思われるテーマが適しています。このようなテーマで演奏することに慣れてくると，「友情」，「愛」，「寂しさ」など，抽象的なテーマも選ばれるようになります。そこでは，音の交流のなか

に共感をともなう，内省的な対話が生まれます。さらなるアイデアとして，いくつかのテーマを組みあわせることも考えられます。たとえば，対照的な意味をもつことばの組みあわせが選ばれると，鮮やかなコントラストをもった演奏が生まれます。また，変化や連続の意味が含まれるテーマが設定されると，ストーリー性を帯びた音楽が創作されることもあります。

　以下にテーマの例を示します。いずれも演奏の模範解答というべきものはありません。クライエントの豊かな感性と独創的な発想が演奏に反映されていれば，そしてそれらの演奏がグループの共有物として機能すれば，どのような音楽表現も価値があるのです。

　　場面や情景のテーマ：雪解け水，五月雨，夕暮れの海，流星群，花火
　　感覚的，体感的なテーマ：噴水のそばで，ホタルの舞い，波乗り，宇宙旅行
　　心情に関するテーマ：驚きと喜び，安らいだ一日，失敗つづき，明日の世界
　　対比や変化をともなうテーマ：谷から山の頂上へ，冬から春へ，嵐が去って
　　　　　　　　　　　　　　　　虹のかかる青空へ

6 オルフが提示する音楽形式をもとにした合奏

　以下の例は，第3章で見たオルフの教育理念に基づく音楽形式を適用したものです。それぞれに曲名をつけて作品のようにしていますが，これらはすべて，拍子やリズムパターン，メロディ，そしてハーモニーの要素をどのように組みあわせて使うことができるかということを提示したものにすぎません。またこれらは，先に紹介した「テーマ即興」において，テーマに音楽的な構造を付したものともいえます。それぞれの例は，ドローン，オスティナートのいずれかを多少なりとも含んでいます。使用する楽器も例として挙げていますが，とくにメロディのパートは，音盤のとり外しが可能なシロフォンやメタロフォン，リコーダーなど，対象者にとって使いやすいものをそのつど選択することができます。

第6章 ミュージックセラピーの実践

譜例6-22 子どもの「世界共通の」フレーズ

譜例6-23 「おかあさんの腕のなかで」

セラピストとともに

- 「おかあさんの腕のなかで」

子どもは，発達のある時期に，下行3度と上行4度の組みあわせから成る短いフレーズを自然に口ずさみ始めることがあります（譜例6-22）。これは，「世界共通のメロディ」として，多くの国々の遊び歌にあらわれるフレーズです。また，子どもが仲間の名前をはやし立てて呼ぶときにあらわれる声の抑揚としても観察されています（Hargreaves, 1986）。ノードフ（Nordoff, P.）とロビンズ（Robbins, C.）は，このフレーズを「子どもの調べ（children's tune）」と称して，子どもひとりひとりの名前をとり込んでうたう歌に採用しています（Nordoff & Robbins, 1977）。

子どもがこのフレーズをうたい続けるとき，セラピストはこれにハーモニーを加えます（譜例6-23）。その音程を少しずつスライドするように変化させると，子どもの声は，ハーモニーの変化とともに陰影を帯びながら浮かびあがっ

153

譜例6-24 「空に浮かぶ雲」

て聞こえます。あるときは，子どもの声がハーモニーのなかに完全に溶け込んで，子どもが母親との一体感に浸っているような穏やかな音楽となり，別のときには，抱いている子どもを母親があやしているときのような，かすかに不協和な揺れのある音楽となります。

- 「空に浮かぶ雲」

自由な発想を雲に見立て，子ども同士でタイミングを計りあいながら音を出していきます。セラピストはピアノを担当して，子どもたちが演奏する雲の背景としての空になり，響きの色あいを少しずつ変えながら，静かな時空間を維持します（譜例6-24）。

クライエントたちによる合奏

- 「洞窟探検」

第6章　ミュージックセラピーの実践

譜例6-25　「洞窟探検」

　この例はドローンとオスティナートを基本にした，単純な構造の合奏です。メロディパートも4音のみを用いています（譜例6-25）。ドローンやオスティナートの響きが安定すると，メロディを担当する子どもは主役の役目を果たします。とくに少人数の合奏においては，ひとりひとりが交代で，仲間に支えられながら主役を経験することができます。

・「波もよう」
　この音楽では，余韻のある低い音がゆっくりと反復するなかを，さまざまなリズム楽器の音が自由に漂います（譜例6-26）。構造としては，一定のテンポで4音が反復するだけのシンプルなものですが，拍子感が得られる要素が何も

155

譜例6-26 「波もよう」

ないだけに，低い音を規則的な間隔で奏することはむずかしい作業となります。この低い音のパートを担当する子どもは，自由な演奏が許される仲間たちを包み込む母親のような役割を担います。

• 「走る汽車」

一般に，音の大きさや速さの変化をともなう演奏は，クライエントの注意力と好奇心を持続させることに成功します。核となる動きは単純なオスティナートで，他のパートもそれぞれ反復的な要素で構成されています（譜例6-27）。このようなシンプルな音の連なりによって汽車が走る様子を想像できれば，そこにさまざまな工夫を加えることができます。たとえば，小さな子どもの認知レベルでも，汽車の走る速さが速くなったり遅くなったりする様子を音の緩急

第6章 ミュージックセラピーの実践

譜例6-27 「走る汽車」

で表現することへの理解はじゅうぶんに可能です。クライエントは,自分が汽車になってスピードを変えることについて想像力を発揮し,声や楽器音の出し方を変え始めるでしょう。一方,汽車が近づいてきたり遠ざかったりする様子を音の強弱であらわすことについての理解には,何らかの手助けが必要であるかもしれません。自分自身を汽車に見立ててしまうと,汽車の空間移動につい

譜例6-28 「なわとび」

ては想像できないからです。走る汽車を定点から眺める情景を頭のなかに思い描くことができるようになってようやく，汽車の動きと音の強弱の関係を結びつけることができるのです。

• 「なわとび」

これは，規則的なテンポで反復する音と音のあいだに，別の楽器で音を埋めていくゲーム感覚の合奏です（譜例6-28）。小だいこなど，バチを使う打楽器を使用すると，音を入れていくタイミングがとりやすいと思われます。

7　視覚媒体を付加した即興演奏

顔の絵カードと即興演奏

私たちは，自分の気持ちに似た顔の絵や写真に出会うと，適度な距離をとって自らと向きあうきっかけをつかめることがあります。顔の絵カードを用いる即興演奏では，カードに描かれた顔の表情に自分の気持ちを託すことができます。あるいは，自分の気持ちをまだあまり外に出したくないときには，カードの表情は身代わりになってくれます。クライエントは，用意された絵カードか

第6章 ミュージックセラピーの実践

図6-1 顔の絵カードの例

注:松浦忠平氏の作成による。

ら1枚を選び,その表情のイメージにあう音楽を考えて発表します。自分が選んだ楽器で,たったひとつの音を響かせるだけでも,ひとまとまりのメロディの演奏でもよいことにします。また,演奏を終えたあとに,その顔を選んだ理由や,絵の表情を思いどおりに音に反映することができたかなどについて話しあうこともできます。さらに,絵カードをクライエント同士で交換し,渡された絵カードの表情について,先と同様に音で表現すると,「他者の身になる」体験ができます。

図6-1は,顔の絵カードの例です。クライエントの年齢や属性にもよりますが,準備する絵の様相については,写実的すぎない,あるいは反対にデフォルメされすぎていない,その中間程度のものがふさわしいと思われます。

顔の絵制作と即興演奏

クライエント自身が画用紙に描いた顔の絵の作品を,顔の絵カードのように使っていく展開も考えられます。描かれる絵には,クライエント自身の情緒の状態を反映させる必要はなく,むしろ絵を描く遊びとして,思いつくまま好きな表情を描く提案をするのが適切でしょう。それでもなお,たとえば,顔の輪

郭の大きさや筆致の力強さなどは，そのときどきの内的状態を映し出していると思われます。したがってこの活動は，自己像が不確かな人や，対人関係の面で不安をもつクライエントにとっては負担がかかる可能性があります。一方，内面に抱える感情をどこへももって行きようのなかった人が，自分の似顔絵をコミカルに描くことで，自らを対象として距離をおき，自己と正面から向きあうことができるという肯定的な面も見られます。さらに，自分で描いた表情を音に置き換えていく際にユーモアが付帯すると，気持ちのゆとりが広がるとともに，閉塞的な情緒状態から脱皮するきっかけをつかむこともできます。画材は鉛筆，色鉛筆，クレヨン，マジックペンなどから自由に選べるようにします。

　クライエントが制作した作品は，さらに発展的に活用できます。たとえば，複数の作品を並べて「顔の絵楽譜」をつくります。1枚ごとに異なる表情にしたがって音つくりがなされると，音の強弱や音色の変化も自然に加わって，動きのある即興音楽が生まれます。

図形楽譜の制作と即興演奏

　図形楽譜の制作による即興演奏[4]は，自由に描いた図形から音を想起して演奏する作業です。クライエントが制作する図形は，シンプルな幾何学模様に近いほどふさわしく，具象的な「絵を描く」ことはなるべく避けるよう提案します。幾何学模様は特定の感情を喚起することが少なく，かたちのイメージを自由に音に反映できるからです。画材は，顔の絵制作と同様に，マジックペンや色鉛筆など複数の種類から自由に選べるようにします。

　図形楽譜の制作をはじめて導入するときには，セラピストが簡単な例を提示し，言語的な指示をなるべく少なくします。図形の大きさやかたちにあわせて音の大きさや音色を工夫していくことや，図形の連なりに応じて音を変化させていくことができるといった基本的な考え方が了解されると，クライエントは

---

[4] 図形楽譜（graphic score）：記号や図形であらわされた楽譜。前衛作曲家が自身のイメージを表出する手法として使い出したもの。偶然性の音楽（chance music）や電子音楽においても多用されているが，広義には，五線譜を用いずに書かれたあらゆる楽譜の様式を指す。

譜例 6 - 29　図形楽譜①

(a)　図形楽譜の例

(b)　図形楽譜の工夫

　画用紙の両端に図形を描く始点と終点の印をつけると，
合同作品として並べたときに連続線が生まれる。

  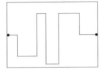 

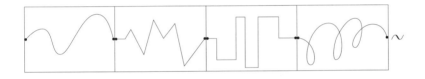

譜例 6 - 30　図形楽譜②

  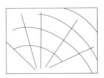

アイデアを独自にふくらませていきます。また、顔の絵を使った発展的な活動と同じように、複数の図形楽譜をつなぎあわせて合同作品とし、ダイナミックな即興合奏を試みることもできます。譜例6-29(a)は、線画を描くこと自体を楽しむ体験として制作された図形楽譜の例です。譜例6-29(b)は合同作品としての図形楽譜にするための工夫例です。また譜例6-30は、「ひろがりやふくらみ」のある図形を描くテーマのもとで制作された作品です。

第7章
「遊ぶこと」の本質と芸術創造

　ウィニコット（Winnicott, D. W.）の理論における「遊ぶこと」では，実際に観察される子どもの行動としての遊びについては話題にされていません。第5章で見た「スクィグル・ゲーム」が唯一，現実の遊びとしてのウィニコットの提案であるといえます。ウィニコットの「遊ぶこと」は総じて，こころの内奥の動きについて，早期の母子関係を枠組みとして象徴的に論じられているものです。第5章では，ウィニコットの「遊ぶこと（playing）」と，ミュージックセラピーにおいて「演奏すること（音楽をつくること）（playing）」が等価であると結論づけてきましたが，本章では，「遊ぶこと」についての普遍的な意味を見出していきます。その上で，私たちの日常の文化的な体験は「遊び」につながっていることと，臨床の場を遊びの場にする意義とを統合的に検討していきます。

1　「遊び」の意味

アンリオによる「遊び」の構造
　ウィニコットは，母親と子どもが両者のあいだに創造される「可能性空間」で遊ぶことは，生きていることの基本を体験することであるとともに，それらの体験はその後，人間が生涯を通じて芸術や宗教，あるいは創造的思考や科学的研究の領域に生きることにつながっているとして，つぎのように叙述しています。

　　文化的体験が位置づけられる場所は，個人と環境（本来は対象）の間の**潜**

在空間なのである。同様のことが遊ぶことにもいえる。文化的体験は，遊びのなかで最初に現われる創造的に生きることに始まる。[1] (Winnicott, 1971, 訳書，p. 142)

ここで，遊ぶことと文化的な体験との関係性を明らかにするために，まず，私たちが日常で「遊び」と称しているものはいかなる事象であるかについて，アンリオ（Henriot, J.）の言説（Henriot, 1973）をもとに整理していきます。

アンリオは，遊びは空間的組織と時間構造を有するとしています。空間的組織があるとは，「遊びは，どこかでおこなわれ，ある場所を占め，とにかくある程度厳密に描かれた空間的図式にもとづいて展開される」ということです（Henriot, 1973, 訳書，p. 37）。そして，すべての遊びは，この空間的組織の上に，複数の要素あるいは活動が組織的に続行されることによって成立する時間構造が重なっているといいます。時間構造における順序について，アンリオはつぎのように言及しています。

　すべての遊びは，構造として考えられるかぎり，まず始まり，進行し，やがて終わる「何ものか」の図式として現われる。しかも，その何ものかを構成する要素群は決してそれ以外の異なる順序で継続発生することのないはずのものである。すべて遊びとは可能な冒険の素描なのだ。遊びのもつ《ドラマ性》はその構造そのもののなかに刻み込まれている。(Henriot, 1973, 訳書，p. 54)

アンリオはまた同時に，遊びを観察可能な実態として見るときには，ある順序にしたがって行われる遊びの，それぞれの段階における位相や特性を切り離すことができるとも述べています。

つぎに，「遊び」はこうした通時的構造にはめられたものでありながら，柔

---

[1] 太字訳書どおり。訳書では「可能性空間（potential space）」は「潜在空間」と訳されている。

第7章 「遊ぶこと」の本質と芸術創造

軟性ももちあわせていることについて見ていきます。アンリオは遊びをスポーツから区別するのは，現実的時間への意識であるといいます。スポーツは総じて時間を計測する要素が本質的な原理として存在しています。それに対して遊びの図式においては，始まりや終了の合図に時計が介入することは，規則性の強いゲームなどを除いてはありません。順序にしたがっていろいろな要素がつながっているものの，それらの要素のひとつひとつは長くなったり短くなったりすることがあるのです。アンリオのことばを借りれば「好きなだけ長いあいだ遊んでいい」(Henriot, 1973, 訳書, p. 55) のです。

アンリオはまた，遊びの順序的，逐次的な要素は，連鎖が必然として持続しているわけではないとして，「遊び」を，現実の仕事の段取りのような融通の効かないものと区別しています。

> 遊びのなかの要素連続のあいだには，相対的な無規定の地点のようなものがいくつかあって，そこでは図式が分離しており，そのすきまへ，いわば偶発的に遊び手による選択の可能性が挿入されており，ある限度まで，遊び手の即興の可能性がはいり込む。そのような分かれ道の地点は，ある順路をたどるときに先へ進むにつれてときどき通過する交差点にたとえることができる。つまり，方向変更の可能な地点であり，そこで，遊び手は，「自分の番」になったら，いくつかの戦術のうちから選択していいのだということを発見する。(Henriot, 1973, 訳書, p. 57)

上の言及をまとめると，遊んでいる主体が遊びの要素の連鎖のなかに介入して遊びをつくっていく，といった同語反復のようになりますが，私たちが日常のなかで遊びを見つけるときの感覚もこのようなものであると思います。未決定な余裕の幅を感じたとき，私たちはそれを「遊び」と呼び，同時にそこで，私たちは遊びごころをもって遊ぶことができるのです。

アンリオは，このような遊びのもつゆるさについての言及のあとで，遊びの途中で分かれ道に出会う地点ごとに，遊び手が選択できる数や規模の可能性は

限りなくあるわけではないことを言い添えています。つまり，遊びがもつ性格に応じて，選択の範囲や即興的な自由が許される程度は決まっているというのです。たしかに，ある種の象徴遊びのような規則がほとんどないような遊びにおいても，遊び手は何をしてもよいということになれば，遊びそのものが成り立たなくなるということは想像できます。遊ぶということは，遊び手がその自由の範囲をあらかじめ承知しているということです。

「遊び」における遊ぶ主体

「遊び」というものをさらに掘り下げて考えるために，遊ぶ主体の態度について見ていきます。ここでは，遊ぶ主体として，芸術としての演技をする人をも含んでいます。アンリオは，遊ぶ主体がもつ態度について3つの点から論じています。それぞれについてまとめると以下のようになります。

第1は「不確実性」。真の演技者は，忍耐強い練習によって磨かれた自分の技術の上に演技をするのであって，その演技は，「飛翔であり，即興であり，再創作である」(Henriot, 1973, 訳書, p. 124) という予測不可能性を含んでいるということです。丹念に段取りを準備された演劇のような設定においても，演技者，すなわち遊び手の精神的態度としては，先行きのわからない冒険に身を投じているのです。

第2は「二重性」。ここでの二重性の意味は，遊びが展開される時間の持続のなかで，遊び手は，遊んでいる自分と，自分が遊んでいることを承知している自分という二重の意識をもっているということです。アンリオはつぎのように説明しています。

> まるで，行為する人間は，二重に分身し，要するに遊びすぎないのだという確信のもとに，自分の現にしていることをおこないつつある自分を，自分で眺めているとでもいう具合に，すべてが進行する。彼は自分の行為を，遊びながらおこない，おこないながら遊ぶ。もはやたんなる行為者（agent）なのではなく，自分が役者（acteur）であることを承知している。(Henriot,

1973, 訳書, p. 125)

遊びが行われているとき，この「二重性」がつねに一定の距離を保って存在しています。したがって，もし遊びや演技に無我夢中になって，遊びや演技が強迫的となり，遊びの世界，もしくは演技の世界そのものに生きてしまうことになれば，それは遊びをやめたことになります。二重性の距離が失われてその二面性が切り離せなくなるということは，現実界と想像界のあいだに混同が起こり，病的な状態となることにもつながる可能性があります。

第3は「イリュージョン」。遊びには空間的組織と時間構造があることは先に述べたとおりですが，遊ぶ主体はその遊びのなかに入る必要があります。遊びに入るときに，それが遊びだということを知っている自分がいるということは，「二重性」の観点から明らかです。さらに誰かと遊ぶ際には，遊びが遊びであることをあらかじめ合意されることが必要です。その合意は，ことばや合図によるときもあれば，暗示的に理解されることもあります。いずれにしても遊びに加入するということは，錯覚すなわちイリュージョンの世界へ参入することです。

アンリオは幼い子どもでも遊びが遊びにすぎないこと，そして遊びであることを他者とともに承認しているとして，以下のような例を挙げています。

> 隠れごっこ〔いない・いない・ばあ〕をして遊ぶ幼い子どもは，おとなが隠れ，それからしばらくのあいだ見えなくなるということを承認している。そのように姿を隠すのも，ほんのしばらくのあいだのことにすぎないということ，つまりそれが遊びにすぎないことを，その子は理解しているからだ。
> (Henriot, 1973, 訳書, pp. 127-128)

このように，イリュージョンというのは，遊んでいる最中に，あるいは遊びの結果として生まれるものではありません。イリュージョンという精神的態度こそが遊びをつくっていくのです。また，先ほどの「二重性」と同じように，

遊びのなかに入り込んでしまい，イリュージョンから抜け出られなくなれば，それはもはや遊んでいることにはならず，陶酔によって別の世界へと身を投げることになります。

「遊び」の象徴としての日本文化

　ここで，少しのあいだ，日本の文化に目を転じて，遊びの象徴性が如実にあらわれている茶道の世界を垣間見たいと思います。

　茶室にしつらえられている「躙り口」は，現実の世界と非現実の境目にある，まさに遊びの出入口ということができます。茶席に招かれた人はみな，不自由な思いをして，窓のように小さな入口から茶室のなかへと躙り寄っていかなければなりません。しかし，躙ることで低くなった姿勢から仰ぎ見る茶室の調度の数々は，異世界にいざなわれるにじゅうぶんすぎるほどの美を備えています。しかし，茶室に招かれた人びとはみな，日常とは異なる空間にいる自分を見失うことなく，また，そこに集うすべての人たちとともに，それが一期一会の「遊び」であることを了解しています。

　さらに，躙り口はもともと，武士が刀をもったままでは入れないようにと考え出されたものといわれています。躙り口は，武士が刀を外の刀掛けに置くことによって，その身分を一時的に解くことを求めました。躙り口は，茶室という空間で時を同じくする人びとはみな平等となる，ということの象徴でもあるのです。これは，「コムニタス」[(2)]を思い起こさせます。茶の世界は，コムニタスの時空を即時につくりあげることさえも，こともなげに行うことができるのです。

　日本の文化に見る遊びの要素については，次章で詳しく論じます。

---

(2)　コムニタス（communitas）：アメリカの文化人類学者（出身はスコットランド）のヴィクター・ターナー（Turner, V., 1920-1983）が提唱した，通過儀礼の文脈における概念。身分，財産，性別など社会構造の次元を超えた反構造の次元における自由で平等な実存的人間の相互関係のあり方のこと。

2 「遊び」と芸術の表現様式

子どもの遊び

　私たちが「遊び」と称しているものの特性はすべて，私たちが音楽を演奏するときや絵を描くとき，あるいは舞踊や演劇のなかに身を置くときにも，等しく存在しています。遊ぶことと芸術の創造的体験が深いつながりをもつことは，先に見たウィニコットの見解から観念的には明らかではありますが，本節では，芸術的な体験がどのように「遊び」であるかを検討していきます。

　子どもが遊ぶ様子を追っていくと，それらは私たちが芸術活動と呼ぶものと直接につながっていることがよくわかります。子どもの遊びというものは，おもちゃで遊んだり，仲間ととっくみあいをしたりということだけでは終わりません。地面の上に棒切れで絵を描いたり，その絵の上でルールのあるゲームを発明したり，木切れや葉っぱを使って音を出したり，誰かの名前をはやし立てながら歌をつくってみたり踊り出してみたり，といったように，子どもは遊びのなかで数かぎりなくさまざまな表現様式を引き出してきます。また，それぞれの表現様式は，大人では考えられない巧みさをもって自然に入れ替わっていきます。子どもの自発性によって，というよりもむしろ，あたかも子どもがあらかじめ展開の道筋を立てて実行しているのではないかと思われるほど，遊びの様相は必然的に移り変わるのです。こうしたいわば非言語的な表現様式の数々は，すべて同じひとつの根っこでつながっていて，子どもが自ら世界との橋渡しをしようとするときに，そのつど，最適な表現様式が選ばれてくるのだといえるでしょう。子どもの生き生きとした未分化な生命体の強さは，このように創造的な遊びの営みをいともたやすく開始させることにより，世界との関係をとり結んでいくのです。

　子どもがもつ豊かな創造性は，一般に，成人するとともに影をひそめてきます。「遊び」ということが大人の世界では，特別に切りとられた時間のなかでしか起こらなくなり，平常の生活のなかではむしろ脇に寄せられるものになっ

てしまうからです。もし、大人の私たちが、さりげなく芸術的な営みができる状況を自らにつくることができれば、自己の内面に埋もれている生き生きとした生命力を自覚し、新鮮な驚きや新しい視点をもって世界につながることを達成できると思われます。

表現アートセラピー

　以上のことをふまえながら、芸術的な営みを臨床の場に導入すること、あるいは臨床の場を文化的な体験の場にすることの意義について考えていきます。

　現在、心理臨床において、「表現アートセラピー（Expressive Art Therapy）」という領域に光があたりはじめています。表現アートセラピーは、1970年代のアメリカにおいて、多様な芸術的表現をとり入れたセラピーが実践され始めたことに端を発しています。「表現アートセラピー」という名称そのものは、人間性心理学を確立した中心人物であるカール・ロジャーズ（Rogers, C.）[3]の娘であるナタリー・ロジャーズ（Rogers, N.）が、1980年代に、「パーソン・センタード表現アートセラピー（Person-centered Expressive Art Therapy）」を提唱したことから定着してきたものです。

　表現アートセラピーは、子どもの遊びが自然に多様な表現様式へと広がっていく現象を臨床に適用しようと試みたものといえます。クライエントから生まれる表現様式をセラピストが尊重し、受けいれ、ともに味わい、ときにはより適切な表現媒体を提案しながら、クライエントが世界と関係を結ぶことを支えていきます。つまり表現アートセラピーは、特定の芸術媒体に限ることなく、こころの内奥でつながっている未分化の表現様式が自由にのびのびと芽を出すことを励ますのです。それはまさに子どもの遊び感覚を再現することです。小野は、表現アートセラピーの実践は、子どものころの感覚とふたたびつながる体験であるとして、つぎのように述べています。

---

[3] Rogers, C. (1902-1987)：アメリカの心理学者。非指示的カウンセリングを提唱し、人間性心理学に属する理論に属する来談者中心療法（Client-Centered Therapy）を創始した。

埋もれていた創造性や，生き生きとした生命感を取り戻すときに，今も自分のなかに生きている「子どもの部分」と接触するのです。それは子ども返りするといった，単なる退行現象ではなく，成熟した大人のなかに「子どもの部分」を再び統合することです。理性や，現実に支配された心のなかに「柔軟性」や「創造性」「自発性」「みずみずしい感受性」などが賦活されることを意味します。(小野，2005, pp. ii-iii)

研究・実践分野としての「表現アートセラピー」は，当然のことながら，創始者の父カール・ロジャーズの影響を受けて，人間性心理学に依拠しています。しかし，人間のもつ成長力や可能性を信頼し，クライエントの「いま，ここで」の気持ちに寄り添いながら，個人の尊厳を守り，主体的に生きることを援助する方向性は，芸術を媒体にしたセラピーのすべてにあてはまるものです。

3　ミュージックセラピーと視覚芸術

ミュージックセラピーにおける「遊び」の工夫

「表現アートセラピー」のあり方をもとにして，さまざまな表現媒体を統合的に用いたセラピー（広義のアートセラピー）を展開することは，現実には易しいことではないと思われます。とくに精神療法の領域においては，「遊び」という行為が作動しにくいからです。さらにいえば，「遊び」があらわれないのは，クライエント側の自発性や柔軟性の問題だけではなく，セラピストにも遊びごころというものが備わっていないからであることもじゅうぶんに考えられます。ウィニコット（Winnicott, D. W.）は「もし，治療者が遊べないとしたら，その人は精神療法に適していないのである」と断言しています（Winnicott, 1971, 訳書，p. 75）。

以下では，セラピストの側が「遊び」の枠組みを差し出して，遊べないクライエントを遊べるようにすることの具体的な例を提案します。紹介する2つの例は，大きくとらえると，いずれも「図形楽譜」を制作する試みです（「図形楽

図7-1　五線紙の音楽

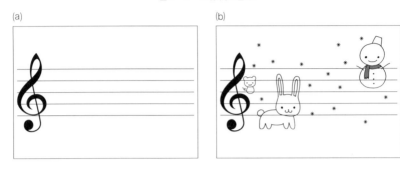

譜」については第6章参照)。

　第1の例は，五線紙の上に絵を描くというものです。ト音記号を付した五線はなるべく大きく，あらかじめ用紙(A4サイズ)に印刷しておきます(図7-1(a))。クライエントには，5本の線は音符が書き込まれるために引かれているのではなく，描くものを配置しやすいように，あるいは描くものを想像しやすいように，アイデアの助けとなる枠づけもしくは背景にすぎないと伝えます。そして，五線の線上や線間に自由に絵や模様を描くことを励ますとともに，できあがった作品からイメージできる音楽をつくる試みをする提案も言い添えます。ただし，このような口頭での説明だけでは，五線紙をいわば遊び場にして自由に絵を描いてほしいという真意が伝わりにくいものです。ことばによる説明は混乱をきたさない程度に最小限にとどめ，セラピストがアイデアの例をまず描いてみることによって，五線紙には音符を書くという常識から抜け出して

第7章 「遊ぶこと」の本質と芸術創造

図7-2　3つの円の音楽

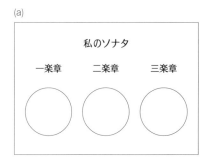
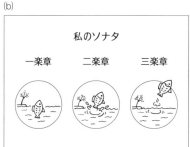
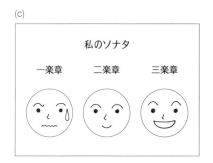
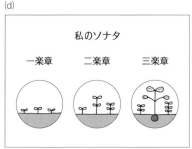

好きなように遊んでもいいのだという基本姿勢を示します。セラピストの見本はまた，遊びを遂行するためには5本の線を生かす必要があるという，遊びが成り立つための条件もクライエントに暗示することができます。図7-1(b)はセラピストが提示したアイデア例，図7-1(c)と図7-1(d)は，実際に出会ったクライエントの作品をもとに描き直したものです。いずれも，5本の線を生かし，ユーモアも付帯した独創的なできばえです。これらに関しては，制作のすぐあとで，描画制作者の独奏による即興演奏につながりました。図7-1(c)では，お気に入りの鉄琴を選び，音盤の上にバチを左右に滑らすグリッサンドの奏法で柔らかな音を響かせました。また図7-1(d)では，ボンゴの軽やかな音が持続し，それはまさに絵のなかから聞こえてくる声援を思わせるようなものでした。

第2の例は，1枚の用紙（A4サイズ）に枠づけとして，横に配列した3つの

173

円をあらかじめ印刷したものを提示し，それぞれの円のなかに関連性をもつ事象を描くという作業です(4)（図7-2(a)）。この枠づけは，描画作業の段階で時間的な要素を準備し，続く即興演奏において音楽の諸要素（たとえばテンポやリズムパターン）の変化や発展が自発的に生まれてくることを励ます意味をもっています。時間の継起とともに移り変わる要素がクライエントによって描き入れられることにより，運動性や移動性を帯びた彼らの自己感覚が喚起されることが期待できます。用紙に記載された「私のソナタ」という題名は，関連した3つの描画が一定方向に進むことが意識されるための比喩的表現で，ソナタ形式のような発展（提示—展開—再現）を要求するものではありません。

　五線紙の例と同様に，この描画作業においても，説明に際しての戸惑いがないように，セラピストははじめにアイデアの例を示しておきます（図7-2(b)）。とくに，「経過的な段階」をともなって3つの絵をつなぐことについては，ことばだけでは理解されにくいと思われます。図7-2(c)と図7-2(d)は，臨床例のエッセンスを描き出したものです。図7-2(c)については，それぞれの表情を小さなボンゴとトライアングルを使った音に置き換えられました。図7-2(d)については，小さい音から徐々に大きな音へとダイナミクスのあるボンゴの演奏があらわれました。

音楽と描画の特性の融合

　以上の例は，「音楽における時間の概念は一方通行的であり，絵画における空間は多指向的である(5)」とピエール・ブーレーズ（Boulez, P.）(6)が述べるところの（Boulez, 1989, 訳書, p. 78），2つの異なる表現様式を意図的に融合させるとり組みです。2つの表現様式が出会うことで，クライエントのこころの内奥では何が起こっているのか，そしてこのような活動はクライエントにとってどの

---

(4) 本事例は，稲田雅美（2010）「描画に託す音楽・音楽に託す描画——精神科臨床におけるセラピーのコラボレーション」『臨床描画研究』25, 78-93, において部分的に論じている。
(5) 傍点訳書どおり。
(6) Boulez, P. (1925-2016)：フランスの作曲家，指揮者。フランス国立音響音楽研究所（IRCAM）の創立者で初代所長も務めた。2009年に京都賞（思想・芸術部門）を受賞。

第 7 章　「遊ぶこと」の本質と芸術創造

ような意味があるのか，またそれはこれまで見てきた「遊び」ということとどのように関連しているか，について見ていきます。

　ブーレーズは，私たちが絵画を鑑賞するときの態度として，「絵画を前にした場合，熟考の時間は，眺める人物に固有であり，その人によって統御され，そしてそれだけに知覚は容易になる」と言及しています（Boulez, 1989, 訳書, p. 77）。絵画の鑑賞においては，私たちは知覚が自らのなかで開かれてくるのをじゅうぶんに待つことができます。知覚が開かれるとは，記憶が再構成され，情緒や思考が形式化することと言い換えることができます。絵画における色，質感，形，構図といったさまざまな要素は，ひとつの脈絡のなかに融合し，意味を結んでいきます。このようなことを私たちに可能にさせるのは，絵画を見ることにおいては，時間の一方向的な流れから解き放たれているという現実です。つまり私たちは，時間のせきたてから免れたところで，自分の歩幅で「行きつ戻りつ」の体験をしながら絵のなかの世界に入り，かつ，絵画の全体像をとらえるために，絵を眺めている自分をも感じているのです。

　一方，音楽を鑑賞するときには，知覚は時間という要素に頼らざるをえません。作品を最後まで聴き終えてはじめて作品の全体像を知ることになります。しかし，もはや私たちは作品全体を見通すことはできず，通りすぎてしまった部分を想像の産物として再構成したものを，作品の全容として理解することになります。

　上述の，描画と音楽の表現様式を統合した 2 つの臨床例は，時間のせきたてから逃れたところで音楽をつくる試みでした。クライエントたちは自らが制作した視覚作品のイメージを音に映すことにより，「空間化された時間」のなかで音楽の全体像をとらえ，音楽表現を工夫することができたと思われます。実際，音楽的な要素を暗示する枠づけのある遊び空間のなかで描かれた絵は，クライエント自身も予想しなかったほどの独創的なものとなりました。また，音を出すことに先んじて，演奏しようとする音楽全体の流れを予測できたことにより，「時間に乗り遅れない」ように自分を追い込む必要もありませんでした。すなわち，慣習的なリズムや音楽イディオムに頼ることなく，あらゆる創造性

の芽が眠っているこころの内奥から出現するオリジナルなリズムや音の連なりを奏でることができたのです。

　もっとも，知的なクライエントは，このような活動はお絵かきや太鼓たたきといったお遊びにすぎないとして，拒否的な態度を示すことがあるかもしれません。しかし，こうした体験を重ねるなかで，漠然としたこころの状態の統合が進み，かたちがあたえられ始めます。そしてやがて，「自分から出現したものであるのに，自分が作り出したものとは見えないで，むしろ他者の形態に導かれたものと思える」(Bollas, 1999, 訳書, p. 231) とボラス (Bollas, C.) が言及するような状況が生まれると，このような非言語的な媒体によってこそ真に語りたいことをあらわすことができるのだと了解されていきます。

　描画や音楽をとおして自己を語り，他者と語らう。これはけっして比喩的な言い方ではなく，真に語りたいこと，伝えたいことは，言語世界の外にあらわれると考えられます。私たちは，治療空間においてクライエントの傍らにさまざまな芸術媒体を控えめに差し出します。そして，クライエントとともに，ビオンのいうところの「夢想」の時間を漂い，彼らの表現形式を整えていきます。さらに，彼らが自分たちのなかにあるとは知らなかった感情や思考があらわれ出るのを待ち，それらを支えます。つまり私たちは，クライエントが紡ぎ出す「物語（ストーリー）」の共同制作者となるのです。

4　パウル・クレーの作品に見る「遊び」

　本章の最後は，臨床の場を離れ，スイスの画家パウル・クレーの作品をとおして，クレーが創造行為のなかに遊びの要素を投入していたこと，そして人生の苦難をも，芸術という「遊び」のなかに溶解させようとしていたことについて概観します。

画家クレーと音楽の関係

　パウル・クレー (Klee, P., 1879-1940) は，幼いころからヴァイオリンに親し

第7章 「遊ぶこと」の本質と芸術創造

み，地元のオーケストラにも籍を置くほどの腕をもつなど，音楽への深い造詣がありました。しかし，音楽と同じぐらいに熱中していた絵の世界で生きていくことを，成人になるまでに決意しました。しかしそのような状況でも，音楽に対する関心は消えることなく，クレーは多くの絵画作品のなかに音楽のイメージを投入していきました。

クレーはまた，モーツァルトが構造と表現，技術的構築と抒情を統合させたように，自らも視覚芸術において同様の統合を完成させようと考えました。ケーガン (Kagan, A.) は，クレーのモーツァルトに対する敬愛について，「クレーにとってモーツァルトは絶対だった。なぜなら，彼は神聖なものと悪魔的なもの，単純と洗練，バッハの天上的な構築性とベートーヴェンのロマンティックな情熱の中庸，究極の統合を表していたからだ」と叙述しています (Kagan, 1983, 訳書 p. 148)。

クレーの作品に見る音楽の要素

クレーの絵画作品のなかに見られる音楽的な要素について，ここでは，リズムの感覚，視覚イメージと聴覚様式（音楽形式）の融合，音楽に託す思い，という3つの観点から検討します。

クレーは，自然の情景をたくさん描いていますが，そのどれも，自然をそのとおりに再現したもの，つまり自然を模倣したものではありません。クレーは，植物を見るときも雲を見るときも，それを写しとろうとして観察するのではなく，たとえば葉っぱのかたちや葉脈の構造，あるいは雲がかたちを変えていくメカニズムを読みとろうとしました。クレーは，そのような構造やメカニズムを，自分の感覚（センス）のなかで再構成し，自然の新たな描写として創造していったのです。再構成の段階で，クレーの生来の音楽性が反映されることは必然といえるでしょう。クレーの作品には，『野原のリズム』『リズミカルなもの』といった画題にあらわれているとおり，リズムの感覚やある種の規則性が見え隠れしています。クレーは，描写の基本的な段階から，すでに音楽と絵画の世界を行き来して遊んでいたといえます。

さて，クレーの画題には，『多声的に囲まれた白』や『赤のフーガ』といった音楽形式の用語を含んだものがいくつかあります。これらも，音楽形式の「かたち」がそのまま絵画に写しとられたものではなく，音楽としての形式がいったん解かれたのちに，クレー自身のセンスをもって再創造された作品ということができます。ケーガンは，クレーのつぎのような発言を紹介しています。

　音楽にはポリフォニーがある。これを芸術に移し替える試み自体は，特に興味をひきそうにもない。しかしポリフォニックな作品特有の性質を通じて音楽への洞察を深め，その宇宙的世界に深く入り込み，転じて美術の凝視者となり，やがて絵画にもそれを期待してじっと待つこと。それが大切である。というのは，幾つもの独立したテーマの同時性が可能なのは音楽だけではない。一般に典型というものは，1か所だけにあるのではなく，あちらこちらに根を張り，蔓を延ばしているからである。(Kagan, 1983, 訳書, p. 51-52)

　時間の要素としてのポリフォニックな動きは，クレーによって解体され，音の動きの素となっていた律動がカンバスという空間を得て，新たなポリフォニーの動き方を見出したといえるでしょう。
　音楽に託す思いについて，ここではクレーのティンパニーへのこだわりに焦点をあてます。クレーがティンパニーの鼓手を題材にした作品は5点あり，[7]それらは，原因不明の難病である皮膚硬化症が進行した時期から死の間際にわたって制作されています。クレーがティンパニーを選んだ理由は，クレーがこよなく敬愛していたモーツァルトの影響であるといわれています。クレーは，モーツァルトが死の床で『レクイエム』を作曲し，その作品のなかに力を振り絞ってティンパニーの響きを投入したことを知っていたようです。自分に向かってくる死の足音をティンパニーの響きに映して苦痛や不安や葛藤を変質させるクレーの技は，ティンパニーを人生の終結の象徴とすることに成功しています。

---

[7]　5つの作品の画題と制作年はつぎのとおり。『軽快な太鼓連打』1938年，『鼓手の力』1940年，『クナウエロス，亡き鼓手』1940年，『素人鼓手』1940年，『ティンパニー奏者』1940年。

第7章 「遊ぶこと」の本質と芸術創造

しかし私たちは，クレーのティンパニーに対する思いは現実の死との関係を超えたところにあることを感じます。ティンパニーが描かれた最後の作品である『ティンパニー奏者』（図7-3）の目は，かたちがフェルマータに似せられているだけでなく，クレーは，音楽記号としてのフェルマータそのもの，すなわち長さを任意にのばすという意味に，自身の人生のありようを諧謔的に投げ込んだように思われます。クレーは，私たちに，芸術的な表現というものは，自らを他者化して突き放したところで達成できる「遊び」の表現なのだということを教えているかのようです。

図7-3 パウル・クレー作『ティンパニー奏者』

パウル・クレー・センター蔵，© Zentrum Paul Klee c/o DNPartcom。

　クレーは，絵画に音楽的な要素を組み入れたことで，独自の作風を切り開いていっただけでなく，自らの人生をまっとうするにふさわしい営みとしての真の芸術創造を達成しました。それは，まさに遊びという文化体験であることを私たちに知らしめてくれるものです。絵画と音楽の融合によってつくり出された空間において現実と非現実のあいだを遊び，遊んでいるということを別の自分がつねに了解しており，さらにはユーモアを付帯させることによって遊びに入り込んでしまわない精神的態度を維持する。クレーは，まさに遊びの名人として私たちの生き方の手本であり，同時に，芸術を媒体としたセラピーを展開しようとする者の「師」でもあるのです。

第8章

日本文化の表現性

　本章の結論を先に述べると，日本の文化には，臨床の場に芸術をとり入れる際のヒントが豊富にあるということ，さらにいえば，本来のミュージックセラピーやアートセラピーのめざすものが，日本の文化のなかにはすでに存在しているということです。しかしそれは，日本の文化の要素，たとえば，和楽器を使うとか，繊細な季節感をセラピーにとり込んでいくことがふさわしいといった単純なことではありません。日本の文化を体験することのなかに，私たちがセラピーにおいてめざそうとしている「遊び」があるということです。本章では，私たちに受け継がれている文化の本質に遊びのセンスが包含されていることを見出していきます。

1 日本の音

日本の音楽における音と音色

　武満徹[1]は，日本の音楽と西洋の音楽のあり方のちがいを，音楽の要素の点から端的に述べています。すなわち，西洋の音楽では，音楽をつくる上で欠かせない要素として，旋律，リズム，ハーモニーの3つがそろう一方，日本の音楽は，旋律などの音の構成よりも音色を大事にしているといいます。武満はその一例として，尺八音楽における「一音成仏」の思想を紹介し，一音によって仏(ほとけ)になるという考えは，ひとつの小さな雑音の響きのなかに世界全体の響きを感じとる日本人の感受性をあらわすものであると述べています（武満，2000b）。

---

(1) 武満徹（1930-1996）：日本の作曲家。邦楽器をオーケストラと組み合わす作品を手がけた。琵琶と尺八とオーケストラによる『ノヴェンバー・ステップス』（1967年）がとくに有名である。

ひとつの音のなかに宇宙の様相を見るという聴き方は，西洋の楽器から発せられる音をとおしてはたしかにむずかしいと思われます。総じて西洋の楽器は，正確に調律された音，数学的に設定された音程（半音や四分音），倍音の割合が調整された音を発します。つまり西洋の楽器は，できるかぎり無性格で無機的な音をつくることによって，素材となる音自体には意味をもたせないように追求されたものだといえます。西洋の音楽は，そのような音を組み立て，重ねることで得られる旋律や響きのなかに意味が吹き込まれていくのです。

　また，日本の楽器には，西洋の楽器では技術的に排除されているような雑音をあえて含む工夫がほどこされています。武満は，雑音ということに関して，琵琶や能管における「さわり」を紹介しながら，日本の音楽における「雑音」の意味を論じています。琵琶のさわりは，楽器の首（ネック）の部分にしつらえてある，わざと雑音（ノイズ）が出るような特別な仕掛けのことです。また，能楽や歌舞伎で使われる横笛の能管は，歌口と指孔との間に「のど」と呼ばれる薄い竹管を挿入することで雑音が出るように工夫されています。武満は，このような意図的に楽器の調律を崩すことによって生まれてくる独特の音色と響きには「神が宿っている」と表現しています（武満，2000b，p. 29）。

　ここで，日本の楽器が，わざと雑音が出るように仕掛けられているだけではなく，音が出にくくなるような不自由さをわざと備えていることにも注目したいと思います。武満は，こうした人為的に不自由さを付与することで生み出される音は，力強く，味わい深い音色となるといいます。しかし，この音楽を出すことの不自由さは，さらにいえば，音楽をするという遊びに入るための，いわば入口に立つことを意味するのではないかと思われます。それは，前章で触れた，茶室の躙り口の不自由さとまさに同じものといえます。

音色とイメージの想起

　日本の音色を私たちがどのように享受しているか，もう少し具体的に見ていきます。先ほどの琵琶のさわりから出る雑音は，蝉が鳴くような音になるといわれているように（武満，2000b，p. 26），私たちは日本の楽器の音そのものか

ら自然の豊かなイメージを想像することが多くあります。その明快な例として，歌舞伎の下座音楽（舞台下手の黒御簾のなかで演奏される効果音楽）における音色を挙げることができます。下座音楽の楽器のなかでも，とくに大太鼓は，雨音，水音（川の音），波音（海の音），風音など，自然の音を再現することによって，舞台の情景をより明らかにしたり，情景の展開を暗示して観客の心理状態を誘導する役割を担っています。しかしここで特記すべきことは，大太鼓の音色は，風になったり波になったりするだけではなく，本来は音がしない，雪が降る情景までも象徴的にあらわすということです。日本人にとって音色というものは，何かを翻訳する媒体ではなく，想像力を喚起し，想像したことを他者と内的に共有するために存在する，独特のものです。

　楽器ではありませんが，さらに私たちになじみのある日本の音の代表として，鹿威しが挙げられます。鹿威しは，田畑を荒らす鳥獣をおどして追い払うための装置であったものが，用途が転じて，日本庭園の装飾のひとつとなったものです。そこには，実用的な農具であるにもかかわらず，そこから発する音に風流を感じ，音そのものを楽しむという遊びごころが見えます。鹿威しの音が聞こえる間隔もその音色自体も単調であるがゆえに，尺八の一吹きの音と同じように，かつての人びとは鹿威しの音から宇宙を感じとったのかもしれません。

2　日本語に見る音の遊び

擬音語・擬態語のなかの「遊び」

　私たちの日常生活において，音の世界とことばの世界は分かちがたくつながっています。2つの世界の橋渡しをしているもの，あるいは音とことばの中間にあるものが，擬音語・擬態語とよばれる領域です。私たちは，楽器の音によって風や波など自然の事象を思い浮かべることができるのと同様に，擬音語によって情景のありようを共有することができます。「ひゅーひゅー」という風の音，「ざぶーん」という波の音は，音そのものの模倣といえます。しかしたとえば，「雪がしんしんと降る」では，実際に音がしない雪の音をも擬音語で

表現されています。これは，大太鼓の音色が雪の降る様子を象徴的にあらわしていることに通じています。さらに，「湖面がキラキラと輝く」，「気持ちがざわざわする」というようなときにも，実際には何も音は存在しないのです。「キラキラ」や「ざわざわ」は，想像したことを他者（あるいは自己の内にある他者性）と共有することばとしてあるのです。金田一晴彦は，前者を擬態語，後者を擬情語というように分けることによって表現の豊富さを整理しています[(2)]（浅野・金田一，1978）。このように，日本語においては，イメージをことばに置き換えることは，そうむずかしいことではないのかもしれません。スターン（Stern, D.）の生気情動は，言語によって分化される前の，未分化な情動のことを意味していましたが（第4章参照），日本語の擬音語・擬態語は，生気情動をことばで摑みとることにかなりの程度まで成功しているといえます。

　金田一による以下の言及は，日本語の表現力はどれほど豊かであるか，しかも私たちはその豊かさをあまり意識することなく，ごく自然に生活のなかで享受していることを示しています。

　　反転を表す「ころ」について言うならば，「ころっ」は転がりかけることを，「ころん」は弾んで転がることを，「ころり」は転がって止まることを表す。また，「ころころ」は連続して転がることを，「ころんころん」は，弾みをもって勢いよく転がることを，「ころりころり」は転がっては止まり，転がっては止まることを表す。「ころりんこ」は，一度は転がりはしたが，最後は安定して止まって，二度と転がりそうもないことを表す。（浅野・金田一，1978，p. 20）

　幼い子どもたちがはじめて出会う絵本や童話のなかに，上記のような表現は何気なく，しかも正しく使い分けられながら登場しています。大人の私たちもまた，ふだんの会話であたりまえのように使っています。しかしこのような金

---

(2) 金田一はこの概説のなかで，擬音語・擬態語を，「擬声語」「擬音語」「擬態語」「擬容語」「擬情語」の5つに分類している。

田一の説明を通じてこそ、私たちは日本語の奥深さと音に対する日本人の繊細な感性をあらためて見直し、同時に、日本語のもつ遊びごころ的な要素を新鮮な気持ちで受けとめることができます。ここでは、「ころ」という主題に対していくつもの変奏があるという見方ができるだけではなく、音声としての「ころ」のリズムと運動のかたち、さらには「ころ」という文字のかたちの絵画性など、ことばのあらゆる要素が溶解しているように感じられます。

「掛詞」と「聞き做し」

ことばと音を融合させた遊びについては、和歌の世界にも見ることができます。日本語の修辞技法に、同音異義を利用して、1語に2つ以上の意味をもたせる「掛詞」があります[3]。これは、なじみのあることばがもっている響き（音声）と意味を巧みに重ねあわせる遊びにほかなりません。つまり表現要素としての新しいことばは使っていないにもかかわらず、新しい何かを創造し、しかもユーモアを付帯させているのです。

ことばと音の関連にいましばらくとどまり、さらなる日本語の特徴的な表現を味わいたいと思います。私たちは自然の音に対して「聞き做し」という態度をとることがあります。聞き做しとは、鳥のさえずりなどの節まわしを人間のことばに置き換えることです[4]。聞き做しは、音とことばがゆるくつながり、加えて、あてはめられたことばの意味には重要性を付与しないということにおいて、ことば遊びと呼ぶにふさわしいものです。もっとも、川田が述べるように、聞き做しは、「個人の〈頓知〉ではなく、民俗的な背景をもった領域」（川田,1998, p. 100）であることから、日本語において共有される情感としての価値をじゅうぶんにもっています。

---

[3] ブリタニカ国際大辞典には、掛詞の例として「花の色はうつりにけりないたづらにわが身世にふるながめせしまに」の和歌で、「ふる」は月日が経過する意の「経（ふ）る」と「降る」との両意を兼ね、「ながめ」がぼんやりとする意の「眺め」と「長雨（ながめ）」との両意を兼ねる」が記されている。

[4] 広辞苑（第5版）には聞き做しの例として、コノハズクの「仏法僧」、ホオジロの「一筆啓上仕り候」、ツバメの「土喰うて虫喰うて口渋い」が記されている。

以上に見るように，日本のことばは，コミュニケーションの道具としての役割を超えて，目の前にはいない他者とのあいだで新しい意味を生み出し，それを理解しあい，愛でることができるものといえるでしょう。つまり日本のことばは，二者のあいだに情報や知識を運ぶものというよりもむしろ，二者が並んでそれをともに味わう第三項の位置に置かれるもの，すなわち第4章で見たところの「ジョイントアテンション（共同注意）」の現象を思い起こさせるものです。

3 日本の視覚芸術と音の関係

「見做しについて」

「聞き做し」に遊びごころがあるとしたら，さらになじみ深い「見做し」はどのように考えられるでしょうか。ここで，日本における視覚文化の領域に立ち入ってみます。まずは，日本の庭園に入ります。

日本独特の庭園様式である「枯山水」は，水を用いずに，石と砂礫，そして地形によって山水をあらしています。小石や白砂が敷かれると，そこは水面と見做され，橋が架かっていればその下に水が流れていると見做されます。もっとも，このような見做しは，ごっこ遊びをする子どもには自然に備わっている特性です。彼らは小さな棒切れをスプーンに見立てて（＝見做して）遊びますが，棒切れとスプーンを混同してしまうことはけっしてありません。見做す，というのは遊びが成立する条件として必須のものです。

さらに重要なことは，「見做し」というのは，単に似ているものを代用品として扱うことではないということです。枯山水においては，砂礫の表面に描かれた紋様は，水が流れる様子を連想するとして，たしかに川と見做すことはできます。しかしその紋様は，川の流れを翻訳したものではなく，むしろ，目の前の紋様は私たちのこころの内奥に沈んで，何をあらわすのでもない未分化のものへと解かれていきます。そしてそれがふたたび意識の上で像を結び直すことによって，私たちは新しい水の世界を創造していると考えられます。これは，

前章で見たクレーが自然の情景を絵に描くまでの道すじと同じです。このような，ひとつの表現様式がこころの内に沈み，いわば無に還っていく様相については，のちに論じます。

「見做し」はまた，古典芸能の舞台にも見ることができます。世阿弥作の有名な能楽『葵上』は，源氏物語の葵の巻を題材にした作品ですが，葵上を演じる役者は舞台には登場しません。その代わりに，舞台の正面に折りたたんだ小袖を置き，それを病いに臥せっている葵上と見做します。これは「出し小袖」と呼ばれるものです。1枚の小袖が葵上を象徴することにより，葵上は，シテやワキが演技をする際の焦点としてよりリアルな存在となり，また，葵上という女性に対する，演技を観る側の想像力もいっそうかき立てられるのです。ここでも，見做すということが能楽の世界に入る，すなわち，遊びに入るための前提となっています。

「絵巻物」と日本の音楽

日本文化の最後に「絵巻物」をとり上げます。加藤周一[5]は，日本の芸術が「いま」を強調する特徴をもっているとして，日本の音楽と「絵巻物」との共通点について言及しています。加藤もまた，日本の音楽は，西洋の音楽に比べて，全体の構造よりも音色を重視するという点から論を始めています。先の武満の見解と重複するところもありますが，加藤の論を引用してみます。

> 旋律は多声的でなく，単線的である。声楽でも器楽でも，フーガのような建築的構造をもつことはない。また旋律を和声が支え，主題の提示とその変奏およびくり返しから成るソナタのような緻密な構成が展開することもない。その代りにそれぞれの音の「音色」に注意が集中される。音色は多くの倍音を含んで複雑となり，微妙なヴィブラートを加え，万感をそこにこめる。
> （加藤，2007，p. 81）

---

[5] 加藤周一（1919-2008）：日本の思想家，評論家。「マチネ・ポエティク」という文学グループに属した詩人でもあり，彼の詩に中田喜直が曲をつけた『さくら横ちょう』はよく知られている。

加藤はその上で，音が相互に関係を結びあっている構造のある音楽は，時間の流れの全体にかかわるものである一方，音色は，全体の流れよりも部分の洗練，すなわち瞬間の現在にかかわるものであるといいます。そして，瞬時の現在を重視する日本の芸術として，12世紀後半から発達した絵巻物の特性を説明し，日本の音の聴き方と類似していることについて論を進めます。

　絵巻物は，長い巻紙に，合戦の物語や寺社の縁起などを時系列的に，右から左へ描かれたものです。時間的順序に従って絵が並列していることを，加藤は「異時図並列」として紹介しています。しかし，私たちはいつのときにも，絵巻物の全体を見るのではありません。絵巻物の見方についての，加藤の明快な叙述はつぎのとおりです。

　　絵巻物は一場面を広げて見，見終った絵を巻いて，次の場面を広げるという操作をくり返しながら眺めるように出来ている。右手にはすでに見た部分が巻かれ，左手には未だ見ていない部分が巻かれていて，どちらも現在眼前にある場面とともに見ることはできない。芸術内は過去からも未来からも切り離されている。時間は過去から未来へ向って流れていて，そこにいくらかの記憶と予感はあるが，現在の出来事の参照基準として，過去や未来があるのではない。絵巻物の時間は，等価的に並ぶ現在の連鎖である。われわれは次から次へ場面を広げて見るので，場面の連鎖の全体を見渡して場面相互の関連を確認することはない。それぞれの場面は自己完結的で，前後の出来事に係わらず，その線や色彩，群衆の動きや風景の情緒がそれ自身として訴える。(加藤，2007，p. 92-93)

　このように，絵巻物の観賞はつねに「いま」を現出させるもので，現在のできごとの意味を，過去のできごとや未来への予測との関連から見出すことはありません。「いま」を強調するということは，全体構造よりも集中した一点に価値を置くことであり，これは，日本の音楽において，全体より部分の洗練としての音色が重視されることと深くつながっているといえます。

第8章 日本文化の表現性

　加藤は，他方，西洋の絵画には，同じひとつの画面に異なる時点でのできごとが描かれている「異時同図」が多く見られるとして，天地創造と楽園追放，キリストの生涯などの絵画を例に挙げています。つまり，西洋の絵画の特徴は，西洋の音楽と同様に全体構造の上に成り立ち，鑑賞する側も，全体との関連のなかで自分の視点や立ち位置を定める傾向にあるということです。
　絵の世界におけるこうした「見方」のちがいからも，遊びの要素を抽出することができると思われます。絵巻物では，過去，現在，未来がそれぞれゆるくつながっています。見る側の「操作」によって，過去や未来はいつでも現在になり得ます。「いま」への焦点づけは，時間の流れから自由になったところで確定されます。つまり，時間の流れにせき立てられることなく，絵を見る人は自由な歩幅で絵の世界のなかを遊ぶことができるのです。そこでは，時間が空間化されています。絵巻物はまさに，遊ぶことと文化体験の共通した特質についてウィニコット（Winnicott, D. W.）が述べるところの，「過去，現在，未来を統合し，つまり，時間と空間を圧縮する」（Winnicott, 1971, 訳書, p. 154）という世界を具現化しています。
　以上のように，日本の文化には，遊びの要素が洗練されたかたちで入り込んでおり，その入り込み方のさりげなさのために，私たちはかえって日本の文化の特性としての「遊ぶこと」をとり出して考えることがむずかしいように思われます。しかし，日本の芸術的な営みのなかでは音とことばと絵を容易に連動させられることや，「聞き做し」や「見做し」という遊びの前提なるものを日常生活にごく自然にとり込んでいる点において，私たちはみな，遊びのセンスを潜在的にもっているといえます。逆にいえば，「表現アートセラピー」というような領域の広がりを待つまでもなく，私たちが遊びを通じて創造的になるときには，つねに，音，ことば，かたち，そして身体の動きが連動して現出してくるのです。日本の文化活動や日常生活は，「遊び」につねに支えられながら成り立っているというほうがふさわしいかもしれません。さらにいえば，私たちは日本の文化を大切にすることによって，日々，おたがいにセラピー的な営みをしているのかもしれません。

4 「無」,「沈黙」について

創造の根源としての「無」

　ここでは,一音のなかに宇宙の様相を見る,という武満の言説にふたたび導かれながら,一音のゆくえの先にある「無」もしくは「沈黙」の領域から,音を聴く私たちの内面にどのようなことが起こっているのかについて考えます。

　武満は,一音として完結し得る響きをもつ音を聴く日本人の感性が「間」という独自の観念をつくりあげるとして,無音あるいは沈黙としての「間」は,「複雑な一音と拮抗する音の犇めく間」であると述べています（武満,2000a,p. 200）。「無」というものが実はあらゆるものの根源であるという見解は,仏教の「空」につながります。さらに,「無」は芸術創造の根源であると見るならば,エーレンツヴァイク（Ehrenzweig, A.）が「自我のリズム（ego rhythm）」（Ehrenzweig, 1967）という仮想概念から述べている未分化の領域と重なります。「無」は日本的な思想を超えたいわば普遍的な思想として在り,「無」のなかに犇めく何かについて考えられることもまた普遍性をもっています。

　エーレンツヴァイクは,芸術創造は分化された空間と未分化の空間との葛藤によってなされるものであるととらえています。分化された空間というのは,私たちが視覚や聴覚をとおして特定の表現様式（モダリティ）で外界の状況を受けとめたものに満たされている空間のことです。つまり,ことばや音やかたちが明確に把握できる世界です。それに対して,未分化の空間は,ことばや音やかたちの有する構造がゆるめられて解かれ,意味も解かれてカオスの状態にある世界のことです。エーレンツヴァイクは,このふたつの空間を揺れ動くエネルギーを「自我のリズム」と想定しました。そして,この「自我のリズム」によって,分化された領域と未分化の領域を自由に揺らぐことができる人間は芸術を創造することができる一方,「自我のリズム」が不活性な状態にある人間は創造性が欠如しているとみなしています。

　エーレンツヴァイクに見る未分化の世界は,「創造的なカオス」の世界と言

い換えることができるでしょう。「創造的なカオス」は，あらゆる構造が解かれたいわば要素の「雫(しずく)」が満ちている領域であると想定できます。ここで，枯山水を前にした私たちの感覚を再現します。枯山水における砂礫の紋様は，川の流れが模倣されたり翻訳されたりして私たちに差し出されたものではなく，その紋様は，私たちのこころの内奥に沈んで何をあらわすのでもないものに還っていくというものでした。つまり，紋様の構造は，解体されて要素の雫となり，それが自我のリズムの活性化とともに創造的なカオスからふたたび立ちのぼるときに，新しい像として結び直されると考えられます。私たちはこのようにして，新たな水の世界を「創造する」のです。

「自我のリズム」をさらに解釈するならば，古い意味を解いて新しい意味を生む力といえます。古い意味を解かれ，意味を失って「無」となった創造的なカオスの世界は，意味の源泉となります。だからこそ私たちは，沈黙からさまざまな思いを立ち上げることができるのです。話しているうちに思考が浮かび上がってくることは日常的に経験します。ことばは思考を翻訳するものではありません。声がことばへと紡がれていく過程で，考え，すなわち意味が立ちあらわれてくるのです。芸術の営みも同様であり，あらゆる創造的な雫に満たされた無と沈黙の領域から，真の創造がなされます。

沈黙の世界から音が立ちあらわれることについては，ピカート（Picard, M.）が詩的な表現で綴っています。

　　　たとえばお祭りの喧騒，農夫の音楽の喧騒は，沈黙によって縁どられており，それが喧騒を際立たせる。沈黙が喧騒の端で立ちどまり，ふたたび出現するのを待っているのだ。(Picard, 1948, 訳書, p. 202)

ミュージックセラピーと「沈黙」の世界

沈黙は，ミュージックセラピーとどのように関係するのでしょうか。端的にいうと，私たちがめざすミュージックセラピーでは，音楽はセラピストとクライエントのあいだから生まれるもので最初は存在していない，つまり，音楽は

沈黙状態の創造的なカオスから立ちのぼるものだということです。この考え方は，計画に沿ってプログラムが進行する音楽活動とは正反対のものです。なぜならそこでは，音楽がセラピストとクライエントのあいだにすでに「在る」という前提のもとに活動が成り立っているからです。上に引用したピカートの農夫の音楽のように，沈黙から湧き上がってきて，また沈黙へと還っていくような響きのある音楽が存在する場，それがミュージックセラピーであるといえます。ただし，ミュージックセラピーは「音楽作品」を創造するものではありませんから，必ずしもいつもオリジナルな音楽をつくることをめざす必要はありません。あらわれ出るもののすべてが即興から生まれた音楽でなければならないのではなく，セラピストとクライエントのあいだには音楽が「まだない」，という状況からセラピーが始まればよいのです。セラピーにおける音楽は，セラピストとクライエントの関係のなかから，「いまから」生まれるものです。したがってたとえば，回想法的な対話から自然に思い出される歌も，クライエントがうたいたいと意思表示する歌も，最初は無かったものと「見做す」ことができるものであれば，それらは尊重され，使われる価値があります。

　音楽がすでに「在る」前提で成り立っている音楽活動では，音楽が一時的にせよ，いったん鳴りやめば不安があらわれます。続きの演奏が直ちに始まらなければ，つぎの歌が直ちに選ばれなければ，落ち着きが失われてしまうのです。ここでは音楽は，場が成立するための，あるいは自分の居場所を確保しておくための，依存の対象となっています。このような状況においては，音楽は，場の存立を維持するために消費され，人間関係の発展を停滞させる原因とさえなってしまいます。

　私たちは，セラピストとクライエントのあいだの根底に沈黙があるということを前提として，その沈黙を共有しているからこそ，ひとつの音が立ちあらわれることをともに期待し，その音のなかにクライエントの細やかな情緒が凝縮されていることをも共有できるのです。ミュージックセラピーに求められる沈黙は，無音の状態というより，私たちのこころの静けさというものかもしれません。

ここで，ふたたびピカートの描写を味わってみます。ピカートは，幼な子がことばを発するときにも，沈黙がその状況を支えていると語っています。

　言葉が幼児の沈黙からたち現われてくるのは，容易なことではない。ちょうど，幼児が母親に手をひかれて歩くように，沈黙によって言葉は口の縁（へり）まで連れてこられるように思われる。そして，言葉はしっかりと沈黙によって支え保たれているから，一音一音がいちいち沈黙から解き放されねばならないかのようなのだ。幼児の言葉によって外部へ出てくるのは，音声よりも寧ろ沈黙である。幼児の言葉によって，本来の言葉よりもむしろ沈黙が，人間へとうごいて来るのである。
　幼児のかたる言葉は一直線をなして経過するのではなく，あたかも沈黙のなかへふたたび帰ろうとしているかのように，一つの弧を描いて経過する。幼児の言葉はゆっくり他の人々へと伸びてゆく。そして他の人々のところに達すると，一瞬，もう一度沈黙へ帰るべきか，或いは人々のもとに止るべきかと躊躇うのである。幼児は，ちょうど彼が投げあげたボールを，それが空中で消えてしまいはすまいかと眼で追うように，自分の言葉を見送るのだ。
（Picard, 1948, 訳書, pp. 132-133）

何かを言おうとしている子どもに静けさを保障しているのは，わが子に優しいまなざしを向け続ける母親にほかなりません。幼な子のことばを心待ちにして耳を傾ける緊張と喜び。そして，やっと立ちあらわれたことばがふたたび沈黙へと還るのを見届ける静謐さ。わが子の発話を見守る母親の存在は，ミュージックセラピストの役割そのものです。クライエントの生命力あふれる音や創造的な発想を喚起するには，まず静けさを共有することが大切だということです。

終　章
ミュージックセラピーの価値

　これまでの章をとおして，私たちは，ミュージックセラピーの概念やミュージックセラピーが適用される臨床領域，ミュージックセラピーにおける音や音楽のあり方と実際の活用方法，理論的背景や「遊び」との関連，音楽を軸として複数の芸術様式を統合したセラピーの可能性，そして，日本の文化における音の感覚などについて見てきました。

　この終章では，音楽がもつ独自の特性についていくつかの側面からあらためて吟味し，ミュージックセラピーとは何か，という本質的な問いの答えとしていきたいと思います。

「見えない」ことと「消える」こと

　ペインター (Paynter, J.) は，音楽教育の重要性を説くなかで，「音楽形式が手で触れることのできるような現実のものとは何の関わりも持たないゆえに，音楽には他のどんな表現手段よりも，広い創意工夫の余地がある。だからこそ音楽には普遍的に人に訴える力があり，また変化にも富んでいる」と述べています (Paynter, 1992, 訳書, p. 25)。日本の音が，1音のなかに多くの意味を含むことはすでに見てきました。一方，西洋の楽器の音のように，安定した音程と音色がつねに保障されているところでは，音と音は容易につながったり重なったりしながら構造化し，構造化の過程で意味を結んでいきます。いずれにしても，ペインターが述べるように，音そのものは，現実の何かとは直接に関係をもつものではありません。音は直接に見たり触ったりすることができないものだからこそ，私たちは，音のなかに，あるいは音の連なりのなかに，自由に何かを見出したり意味づけしたりしていくことができるのです。

また，音はかならず消えていきます。「消える」ものだからこそ，私たちは，音楽をつくる過程に意識のすべてを注ぎ込み，他者の音にも注意深く耳を傾け，それぞれの音に込められている美しさを見逃すことなく味わおうとするのです。もっとも，音を録音できる環境があたりまえのようにどこにでもある今日では，音は私たちのまわりにつねに存在しているゆえに，音は消えて無くなるのだということをほとんど意識しなくなっています。

　つぎの武満の2つの言及は，消えてしまう素材としての音を媒介とするミュージックセラピーの意味を暗示してくれているようです。

　　音というものは不思議なものだ。生れては，直ぐ，消える。そして，ひとそれぞれの記憶の中に甦る。音は消えてゆくから，ひとはそれを聴き出そうと努める。そして，たぶんその行為こそは，人間を音楽創造へと駆り立てる根源に潜むものだろう。(武満, 2000b, p. 38)

　　音は消える。ちょうど印度の砂絵のように。風が跡形もなく痕跡を消し去る。だが，その不可視の痕跡は，何も無かった前と同じではない。音もそうだ。聴かれ，発音され，そして消える。しかし消えることで，音は，より確かな実在として，再び，聴き出されるのだ。(武満, 2000b, p. 40)

　音を即興的に生み出し，音のやりとりのなかで展開や構造化を試みながらこころを通わせていくミュージックセラピーにおいても，その音は「忘れられていく」ことで，クライエントは安心してつぎの「いま」について考え，つぎの「いま」を生きようとすることができるのだと思います。私たちは，「インプロヴィゼーション（即興演奏）は，聞いたり，楽しんだりするべきものであって，そのあとはきれいさっぱり忘れ去られるべきものです」(Bailey, 1980, 訳書, p. 93)と発言するジャズマンと同じスタンスで，一瞬一瞬の音楽を楽しみ，そのかけがえのない時間を大切にしていきます。

終　章　ミュージックセラピーの価値

音楽体験の共有

　音楽をつくることにおいては，絵画やその他の視覚作品をつくるよりも，そのプロセスを他者と共有することが容易にできます。これは，ミュージックセラピーは何をめざしているのかということと本質的に関係しています。本来，セラピー（療法）と称される領域には，治療目標と治療計画の設定，治療構造の明確化，効果の測定というものがかならず付帯しています。そして，心身機能の回復や向上，認知能力や社会性の向上といった，現状からの「右肩上がり」が求められます。もちろん，ミュージックセラピーもこのような「効果」があらわれることがなければ意味をなしません。ただ，ミュージックセラピーは，臨床上のさまざまな問題に対して直接にかかわり，解決していくという性格のものではありません。明確な治療目標を掲げる医療や心理臨床のプロセスに伴走するような体制で，医学的治療や心理療法を支えたり，それらに奥行きをあたえたりしながら，ともにゴールをめざすものです。ミュージックセラピーが，音を介した音楽的な対話であることがここに生かされていくのです。

　昨今のミュージックセラピーの世界的な動向として，「文化中心音楽療法（Culture-centered Music Therapy）」と「音楽中心音楽療法（Music-centered Music Therapy）」という領域があります。「文化中心音楽療法」は，ノルウェーのスティーゲ（Stige, B.）が提唱したものです（Stige, 2002）。このアプローチは，個人の病気や障害をクライエント個人の問題としてとらえるのではなく，クライエントの人間関係や彼らが属する地域社会，あるいはさらに広く文化の視点からクライエントの問題をとらえ直し，クライエントをとり巻く環境そのものにはたらきかけることによって，そのなかに絡まった彼らの問題に迫ろうとするものです。したがって，セラピーの方法も，従来のあり方のようにセラピストとクライエントの関係だけで成立させるのではなく，より開かれた時間と空間のなかで音楽活動を展開するということになります。

　「音楽中心音楽療法」はアメリカのエイゲン（Aigen, K.）により提唱されました（Aigen, 2005）。このアプローチは，文字どおり音楽そのものを中心として，音楽の体験および音楽活動の達成を目標としています。ここでは，身体的，

197

精神的諸症状の改善や発達の支援，社会性の獲得などは，ミュージックセラピーの一義的な目標ではなく，それらは音楽を体験したことによる「結果」と考えられています。すなわち，音楽活動をすること自体がめざされるべきものであって，臨床上の問題が解決されていくのは，音楽に集中したことから生じる良き副産物とみなされるのです。

　この2つの動向は，ミュージックセラピーの新しい枠組みとして多くの参照すべき点があります。しかしいずれのアプローチにおいても，セラピストとクライエントの相互作用，すなわち音楽的な対話が，音楽活動の「裏打ち」のように存在しているのは確かです。

　詩人の長田弘は，対話について，「そこでおたがいの言葉を手がかりに考える時間をもつこと，確かめながらゆっくりと考える時間を共にし，分け合う方法である」と表現しています（長田，2013，p. 192）。すなわち，対話というのは，人と人が向きあって，結論を出したり合意を求めたり，あるいは成果をあげたりするものではなく，かといって，本音をぶつけあったり真意を探りあったり，うんちくを傾けたりするものでもないというのです。長田はその上で，対話というものは「考え」ではなく，「考え方」を共有していくための時間であるとしています。

　私たちがミュージックセラピーにおいて実践するのは，まさにこうしたプロセスとしての対話をセラピストとクライエントがともに味わい，新たな生命力や新しいものの見方がたがいの内奥から目覚めてくるのを待つ，ということです。またそのために，「対話をゆたかな時間にするものは，喋ること・話すことでなく，黙ること」（長田，2013，p. 191）と長田が語っているのとまったく同様に，ミュージックセラピーの場でも無音や沈黙を大切にしていることは，前章で見たとおりです。

ミュージックセラピーの芸術性

　ミュージックセラピーの場面でつくられる音楽は，私たちが日常に接する音楽とは形態も目的も異なります。ミュージックセラピーは，クライエントの内

奥に眠っている律動がクライエント自身の心身の健康へとはたらきかけていけるように，セラピストが適切に介在していくものです。したがって，セラピーにおいてつくられた音楽は，完成して保存したり人に聴いてもらうためのものではありません。ウィニコット（Winnicott, D. W.）が作業療法について，「〈作業療法〉という言葉が，豊かな体験から離れて，公開の日に見せられるような作品の製作の方向へと注意をそらしているように見えるのだとしたら，不幸なことだ」（Winnicott, 1989, 訳書, p. 267）と語っていることが，ミュージックセラピーにもそのままあてはまります。しかしながら，セラピーのなかで奏でられる音楽は，完成度を問わないものだという理由で芸術性に欠けるわけではありません。

ブラッキング（Blacking, J.）は，音楽について，「音楽が物自体ではありえず，人々の間の関連がなければ，音楽が伝達もされえず，意味も持ちえないという意味で，すべての音楽が民俗音楽である」と述べ，さらに，芸術の意味についてつぎのように言及しています（Blacking, 1976, 訳書, p. v）。

　私は，音楽の価値とは，それを作ることに含まれている人間的な経験によって判定されるべきだと信じている。特別な機会のための音楽と人間の意識を高める音楽との間には違いがあり，いいかえれば，単なる所有のための音楽と存在のための音楽との間には違いがある。前者がすぐれた技巧でありうることは認めるが，後者は，単純に響こうが，複雑に響こうが，あるいはどのような状況で作り出されようとも，芸術である，ということも，私は認める。（Blacking, 1976, 訳書, p. 72）

ブラッキングは，音楽とは，文化や個人の経験をたがいに分かちあうものであると考えています。すなわち，芸術は，形式や技術の優劣からではなく，いかに共有可能かという視点から問われるものであるという主張です。ブラッキングの見解は，セラピーから生まれる音楽の意味を考える上で有益な示唆をあたえてくれます。ミュージックセラピーは，人間が生きている証しとしてのこ

ころの動きが象徴化された音や音楽を分かちあう芸術行為であるといえます。

音楽というものの解釈について，ブラッキングのあとに続くような概念が，20世紀が終わろうとするころに起こってきました。それは「ミュージッキング（musicking）」と呼ばれるもので，音楽教育家のクリストファー・スモール（Small, C.）によって提唱されました（Small, 1998）。ミュージッキングとは，「音楽する（to music）」という動詞が名詞化したことばで，文字どおり「音楽すること」と訳すことができます。スモールは，音楽を「実践する行為」ととらえ，ミュージッキングという言葉によって，演奏することや作曲することをはじめとして，音楽会を企画したり，あるいは会場を準備することや掃除をすることまでも「音楽する」ことに含まれると主張しました。言い換えると，音楽の価値は，専門家が生み出す演奏や作品にあるのではなく，音楽をとり巻く関係性のなかで達成される「音楽というできごと」にある，つまり，さまざまな役割を担う人たちが一体となって遂行する行為の内にあるということです。「音楽すること」のなかにはおのずと，人と人との結びつき，あるいは個人と社会との結びつきが存在します。音楽するということは，社会の一員として生き生きとした生を生きることと同じひとつのことといえます。

ミュージッキングという新しい概念は，ミュージックセラピーがごく自然なかたちで社会に受けいれられ，さらには，ミュージックセラピーの場で音楽をつくることは生きることそのものなのだということが広く理解されることを後押ししてくれるにちがいありません。

セラピストが「待つ」ことと「消える」こと

ミュージックセラピーにおけるセラピストの姿勢は，突き詰めると「待つ」ことと「消える」ことであるといえます。クライエントが音楽的な対話のために差し出してくる音は，ことばに置き換えられる前の，まだはっきりとしたかたちをなしていない，情緒の揺れのようなものです。これらは，ドネル・スターン（Stern, D.）の用語を借りれば「未構成の経験」であり，それは，「やがてバーバルな解釈があてがわれて明確に表現される意識的で内省的な経験の素材

が，解釈されていない状態」(Stern, 1997, 訳書, p. 47) であるといえます。このような状態は言語化をせかされるものではなく，むしろ私たちが感情の豊かな広がりをもって生きていることを感じるために大切にされるべき状態です。音というノンバーバルな表現は，この解釈されない状態を保持していくだけの耐性をもつだけでなく，このノンバーバルな表現のままで人と人のあいだを行き交うあいだに，より深い体験や感動へと向かうことさえあります。セラピストが，音に明確な構造を付与することを急ぐことなく，音の揺蕩いのなかにゆったりと身を置くことができてこそ，クライエントの未構成の経験に意味が付与されていくのです。スターンはその様子について，「新しい意味のこのようなかすかな兆しは，春に庭に現れて伸びゆく蔓が，その地下で種子が発芽していることのしるしであるのに似ている」と語っています（Stern, 1997, 訳書, p. 84）。

　また，ミュージックセラピーが援助形態のひとつである以上，援助というものはいずれ必要でなくなることをめざさなければなりません。援助そのものが減少するよう方向づけられ，援助者はやがては消えることが，援助の真の姿です。ミュージックセラピーが音楽によるレクリエーション活動と明らかに異なる点をひとつ選んで挙げるとしたら，ミュージックセラピーは，その実践の終焉が念頭に置かれているということになるでしょう。それは，私たちが「遊びから出る」ということともつながっているのかもしれません。

　ミュージックセラピーの空間から出たのち，音楽は，私たちがその空間に入る前には気づかなかった意味と輝きをもって，ふたたび私たちの目の前にあらわれてきます。音楽は私たちのこころがどこにあるかを教えてくれる，そのような存在になっているはずです。こころは，ことば，しぐさ，音，絵などに姿を変えていつも存在しており，そのような姿を誰かと共有されることによって，はじめて確かなものとして受けとめられることができます。ことばや音に変わらなければ，そしてそれらが共有されなければ，こころは見つけられないままになるのです。セラピストとクライエントがともに音楽をつくりあった経験は，たがいに自分では探しあてられなかったこころを見つけることと，まだ見つけ

られたくないこころをいましばらくそっと隠しておくことのいずれもが可能な時空間での漂いだったと思い返されることでしょう。

　本書のしめくくりに，こころについての，この上もなく美しい表現を共有したいと思います。

　　こころはあると同時にないのかもしれない。光が物質に当たってはじめて色としてその存在をわからせてくれるように，風が木の葉を揺るがせてはじめてその存在を教えてくれるように，物質や木の葉などの抵抗物があってはじめて，私たちは光や風のありかを知ることができる。こころも何らかの抵抗があって，そのつどはじめてその存在を告げ知らせてくれる。光や風と同じように，こころもまたそのもの自体を捉えることなど不可能だろう。抵抗のないところにこころは生まれてこないのだから。(松本，1998，pp. 213-214)[1]

---

(1) 傍点訳書どおり。

引用・参考文献

Aigen, K. (2005) *Music-Centered Music Therapy*. Gilsum: Barcelona Publishers.

Aldridge, D. (1989) A Phenomenological comparison of the organization of music and the self. *The Arts of Psychotherapy*, 16, 91-97.

Alvin, J. (1975) *Music therapy* (Revised paperback edition, Originally published in 1966). London: John Clare Books. (櫻林仁・貫行子訳『音楽療法』音楽之友社, 1969)

Alvin, J. (1978) *Music therapy for the autistic child*. Oxford University Press. (山松質文・堀真一郎訳『自閉症児のための音楽療法』音楽之友社, 1982)

Anderson, H. (1997) *Conversation, language, and possibilities: A postmodern approach to therapy*. NY: Basic Books. (野村直樹・青木義子・吉川悟訳『会話・言語・そして可能性——コラボレイティヴとは？ セラピーとは？』金剛出版, 2001)

浅野鶴子編・金田一晴彦解説 (1978)「擬音語・擬態語概説」『擬音語・擬態語辞典』角川書店.

Axline, V. M. (1947) *Play therapy*. Boston: Houghton Mifflin Co. (小林治夫訳『遊戯療法』岩崎学術出版社, 1972)

Backer, J. (1993) Containment in music therapy. In M. Heal & T. Wigram. *Music therapy in health and education*. London: Jessica Kingsley Publishers.

Bailey, D. (1980) *Improvisation: Its nature and practice in music*. NY: Da Capo Press. (竹田賢一・木幡和枝・斉藤栄一訳『インプロヴィゼーション——即興演奏の彼方へ』工作舎, 1981)

Bee, H. (1985) *The developing child, Forth edition*. NY: Harper & Row, Publishers, Inc.

Beggs, C. (1991) Life review with a palliative care patient. In K. E. Bruscia (Ed.) *Case studies in music therapy*. PA: Barcelona Publishers.

別府哲 (1998)「まなざしを共有することと自閉症」秦野悦子・やまだようこ編『コミュニケーションという謎』ミネルヴァ書房.

Bion, W. R. (1955) Differentiation of the psychotic from the non-psychotic personalities. *International Journal of Psycho-analysis*. 38, 266-275.(「精神病人格と非

精神病人格の識別」松木邦裕監訳『メラニー・クライントゥデイ1――精神病者の分析と投影同一化』岩崎学術出版社,1993)

Bion, W. R. (1962) *Learning from experience.* London: Heinemann. (福本修訳「経験から学ぶこと」『精神分析の方法1――セブン・サーヴァンツ』法政大学出版局,1999)

Bion, W. R. (1965) *Transformations : change from learning to growth.* London: Heinemann Medical. (福本修・平井正三訳「変形」『精神分析の方法2――セブン・サーヴァンツ』法政大学出版局,2002)

Blacking, J. (1976) *How musical is man ?* London: Faber. (徳丸吉彦訳『人間の音楽性』岩波書店,1978)

Bollas, C. (1999) *The mystery of things.* London: Routledge. (館直彦・横井公一監訳『精神分析という経験――事物のミステリー』岩崎学術出版社,2004)

Boulez, P. (1989) *Le pays fertile Paul Klee.* Paris: Gallimard. (笠羽映子訳『クレーの絵と音楽』筑摩書房,1994)

Boxill, E. H. (1985) *Music therapy for the developmentally disabled.* TX: PRO-ED, Inc. (林庸二・稲田雅美訳『実践・発達障害児のための音楽療法』人間と歴史社,2003)

Brown, J. & Avstreih, Z. (1989) On synchrony. *The Arts in Psychotherapy.* 16, 157-162.

Bruscia, K. E. (1987) *Improvisational models of music therapy.* Illinois: Charles C Thomas Publisher. (林庸二監訳,生野里花・岡崎香奈・八重田美衣訳『即興音楽療法の諸理論(上)』人間と歴史社,1999)

Bunt, L. (1994) *Music therapy : An art beyond words.* London: Routledge. (稲田雅美訳『音楽療法――ことばを超えた対話』ミネルヴァ書房,1996)

Choksy, L., Abramson, R., Gillespie, A. & Woods, D. (1986) *Teaching music in the twentieth century : Zoltan Kodaly, Carl Orff, Emile Jaques=Dalcrose, Comprehensive musicianship.* NJ: Prentice Hall, Inc. (板野和彦訳『音楽教育メソードの比較――コダーイ,ダルクローズ,オルフ,C・M』全音楽譜出版社,1994)

Colligan, K. G. (1987) Music therapy and hospice care. *Acitiviites, Adaptation & Aging,* 10 (1/2), 103-122.

Cooper, G. W. & Meyer, L. B. (1960) *The rhythmic structure of music.* The University of Chicago Press. (徳丸吉彦・北川純子訳『音楽のリズム構造(新訳)』音楽之友社,2001)

Davis, W. B., Gfeller, K. E. & Thaut, M. H.(Eds.)(1992)*An introduction to music therapy : Theory and practice.* Dubuque, IA : Wm. C. Brown Publishers.(栗林文雄訳『音楽療法入門――理論と実践（上）（下）』一麦出版社，1997，1998）

DeLamater, J.(1974)A definition of "group". *Small Group Behavior,* 5(1), 30-44.

Deutsch, D.(Ed.)(1982)*The psychology of music.* NY : Academic Press.（寺西立年・大串健吾・宮崎謙一監訳『音楽の心理学（上）（下）』西村書店，1987）

Ehrenzweig, A.(1967)*The hidden order of art : A study in the psychology of artistic imagination.* CA : University of California Press.（岩井寛・中野久夫・高見堅志郎訳『芸術の隠された秩序――芸術創造の心理学』同文書院，1974）

Fischer, R. G.(1991)Original song drawings in the treatment of a developmentally disbled, autistic young man. In K. E. Bruscia(Ed.)*Case studies in music therapy.* PA : Barcelona Publishers.

Freud, S.(1920)*Jenseits der Lustprinzips.* G. W. XIII.（須藤訓任・藤野寛訳「快原理の彼岸」『フロイト全集17』岩波書店，2006）

Gaston, E. T.(Ed.)(1968)*Music in therapy.* NY : The Macmillan Company.

Hargreaves, D. J.(1986)*The developmental psychology of music.* Cambridge University Press.（小林芳郎訳『音楽の発達心理学』田研出版，1993）

Hartford, M. E.(1971)*Groups in social work : Application of small group theory and research to social work practice.* NY : Columbia University Press.

Henriot, J.(1973)*Le jeu.* Prsses Universitaires de France.（佐藤信夫訳『遊び――遊ぶ主体の現象学へ』白水社，2000）

昼田源四郎（1989）『分裂病者の行動特性』金剛出版。

生田宗博（1996）「作業療法白書1995」『作業療法』15（特別1）一般社団法人日本作業療法士協会。

稲田雅美（2010）「描画に託す音楽・音楽に託す描画――精神科臨床におけるセラピーのコラボレーション」『臨床描画研究』25，78-93。

稲田雅美（2012）「音楽と言語が紡ぎ出す創造空間――芸術療法に見るレジリアンスの萌芽」加藤敏編著『レジリアンス・文化・創造』金原出版。

Kagan, A.(1983)*Paul Klee : Art and Music.* Cornell University Press.（西田秀穂・有川幾夫訳『パウル・クレー――絵画と音楽』音楽之友社，1990）

神田橋條治・荒木富士夫（1976）「「自閉」の利用――精神分裂病患者への援助の試み」『精神神経学雑誌』78，43-57。

加藤周一（2007）『日本文化における時間と空間』岩波書店。

加藤敏（1995）『構造論的精神病理学——ハイデガーからラカンへ』弘文堂。
川田順造（1998）『聲』筑摩書房。
北山修（1985）『錯覚と脱錯覚——ウィニコットの臨床感覚』岩崎学術出版社。
草野勝彦（1989）「身体と運動機能の発達」山内光哉編『発達心理学（上）——周産・新生児・乳児・幼児・児童期』ナカニシヤ出版。
Kübler-Ross, E. (1964) *On death and dying.* Macmillan.（鈴木晶訳『死ぬ瞬間——死とその過程について』中央公論新社, 2001年）
Langer, S. K. (1942) *Philosophy in a new key : A study in the symbolism of reason, rite, and art.* Harvard University Press.（矢野萬里・池上保太・貴志謙二・近藤洋逸訳『シンボルの哲学』岩波書店, 1960）
Langer, S. K. (1957) *Problems of art : Ten philosophical lectures.* NY: Scribner.（池上保太・矢野萬里訳『芸術とは何か』岩波書店, 1967）
Lowy, L. (1983) Social group work with vulnerable older persons: A theoretical perspective. *Social Work with Groups,* 6, 21-32.
Martin, J. A. (1991) Music therapy at the end of a life. In K. E. Bruscia (Ed.) *Case studies in music therapy.* PA: Barcelona Publishers.
松本雅彦（1998）『こころのありか——分裂病の精神病理』日本評論社。
Mead, G. H. (1934) *Mind, self and society : From the standpoint of a social behaviorist.* Il: University of Chicago Press.（稲葉三千男・滝沢正樹・中野収訳『精神・自我・社会』青木書店, 1973）
Moog, H. (1976) *The musical experience of the pre-school child.* London: Schott.
中谷陽二（1987）「分裂病の逸脱特性」高橋俊彦編『分裂病の精神病理15』東京大学出版会。
Nordoff, P. & Robbins, C. (1971) *Music therpy for the handicapped child.* London: Gollancz Ltd.（櫻林仁・山田和子訳『心身障害児の音楽療法』日本文化科学社, 1973）
Nordoff, P. & Robbins, C. (1977) *Creative music therapy.* New York: John Day.
Ogden, T. H. (1986) *The matrix of the mind : Object relations and the psychoanalytic dialogue.* NJ: Jason Aronson.（狩野力八郎監訳『こころのマトリックス——対象関係論との対話』岩崎学術出版社, 1996）
小野京子（2005）『表現アートセラピー入門——絵画・粘土・音楽・ドラマ・ダンスなどを通して』誠信書房。
Orff, C. (1950) *Orff-Schulwerk : Music für Kinder. I.* London: Schott & Co. Ltd.

Orff, G. (1974) *Die Orff-Musiktherapie : Aktive Foerderung der Entwicklung des Kindes.* Kindler Verlag GmbH, Munchen. Margaret Murry (trans.) London: Schott & Co. Ltd, 1980.（丸山忠璋訳『オルフ＝ムジークテラピィ——活動的音楽療法による発達援助』明治図書出版, 1992）

長田弘（2013）『なつかしい時間』岩波書店。

尾崎新（1992）『臨床・精神科デイケア論——デイケアの「ほどよさ」と「大きなお世話」』岩崎学術出版社。

Parten, M. B. (1932) Social participation among pre-school children. *Journal of Abnormal and Social Psychology*, 27, 243-269.

Pavlicevic, M. (1990) Dynamic interplay in clinical improvisation. *Journal of British Music Therapy*, 4(2), 5-9.

Pavlicevic, M. (1997) *Music in context : Music, meaning and relationship.* London: Jessica Kingsley Pubblishers.（佐治順子・高橋真喜子訳『音楽療法の意味——心のかけ橋としての音楽』本の森, 2002）

Paynter, J. (1992) *Sound and Structure.* Cambridge University Press.（坪能由紀子訳『音楽をつくる可能性——音楽の語るもの2』音楽之友社, 1994）

Picard, M. (1948) *Die Welt des Schweigens.* Zürich: Eugen Rentsch.（佐野利勝訳『沈黙の世界』みすず書房, 1964）

Plach, T. (1980) *The creative use of music in group therapy.* IL: Charles C Thomas Publisher.

Prickett, C. A. & Moore, R. S. (1991) The use of music to aid memory of Alzheimer's patients. *Journal of Music Therapy*, 28(2), 101-110.

Pristley, M. (1975) *Music therapy in action.* MO: MMB Music Inc.

Shamrock, M. (1997) Orff-Shulwerk: An integrated foundation. *Music Educators Journal*. May, 41-44.

白川佳代子（2001）『子どものスクィグル——ウィニコットと遊び』誠信書房。

Shutter-Dyson, R. & Gabriel, C. (1981) *The psychology of musical ability* (second edition). London: Methuen.

Sloboda, J. A. (1985) *The musical mind : The cognitive psychology of music.* Oxford University Press.

Small, C. (1998) *Musicking : The meanings of performing and listening.* NH: University Press of New England.（野澤豊一・西島千尋訳『ミュージッキング——音楽は「行為」である』水声社, 2011）

Smeijesters, H. (1996) Music therapy with anorexia nervosa: An integrative theoretical and methodological perspective. *British Journal of Music Therapy*, 10(2): 3-13.

Smith, D. S. & Lipe, A. W. (1991) Music therapy practices in gerontology. *Journal of Music Therapy*, 28(4), 193-210.

Stern, D. N. (1985) *The interpersonal world of the infant : A view from psychoanalysis and developmental psychology.* NY: Basic Books. (小此木啓吾・丸田俊彦監訳『乳児の対人世界——理論編』『乳児の対人世界——臨床編』岩崎学術出版社, 1989, 1991)

Stern, D. (1997) *Unformulated experience : From dissociation to imagination in psychoanalysis.* NJ: Analytic Press. (一丸藤太郎・小松貴弘監訳『精神分析における未構成の経験——解離から想像力へ』誠信書房, 2003)

Stige, B. (2002) *Culture-Centered Music Therapy.* Gilsum: Barcelona Publishers. (阪上正巳監訳『文化中心音楽療法』音楽之友社, 2008)

Storr, A. (1960) *The integrity of the personality.* London: William Heineman Medical Books Ltd. (山口泰司訳『精神療法と人間関係』理想社, 1982)

Symington, J. & Symington, N. (1996) *The clinical thinking of Wilfred Bion.* London: Routledge. (森茂起訳『ビオン臨床入門』金剛出版, 2003)

丹波真一 (1999)「精神分裂病」中島義明他編『心理学辞典』有斐閣.

武満徹 (2000a)「音, 沈黙と測りあえるほどに」『武満徹著作集1』新潮社。

武満徹 (2000b)「遠い呼び声の彼方へ」『武満徹著作集3』新潮社。

上田敏 (1983)『リハビリテーションを考える——障害者の全人間的復権』青木書店。

梅本堯夫 (1996)「音楽心理学の体系序説」梅本堯夫編著『音楽心理学の研究』ナカニシヤ出版。

Watts, F. N. & Bennett, D. H. (Eds.) (1983) *Theory and practice of psychiatric rehabilitation.* West Syssex: John Wiley & Sons Ltd. (福島裕監訳『精神科リハビリテーションの実際①——臨床編』『精神科リハビリテーションの実際②——地域の実践編』岩崎学術出版社, 1991)

Whitcomb, J. B. (1994) "I would weave a song for you": Therapeutic music and milieu for dementia residents. *Activities, Adaptation & Aging*, 18(2), 57-74.

Winnicott, D. W. (1958) *Collected papers : Through paediatrics to psycho-analysis.* London: Tavistock Publications. (北山修監訳『小児医学から児童分析へ——ウィニコット臨床論文集Ⅰ』『児童分析から精神分析へ——ウィニコット臨床論文集Ⅱ』

岩崎学術出版社, 1989, 1990)

Winnicott, D. W. (1965) *The maturational processes and the facilitating environment.* London: Hogarth Press.（牛島定信訳『情緒発達の精神分析理論——自我の芽ばえと母なるもの』岩崎学術出版社, 1977)

Winnicott, D. W. (1971) *Playing and reality.* London: Tavistock Publications Ltd..（橋本雅雄訳『遊ぶことと現実』岩崎学術出版社, 1979)

Winnicott, D. W. (1989) *Psycho-analytic explorations.* Harvard University Press. (Eds. C. Winnicott, R. Shepaherd & M. Davis)（館直彦・ほか訳『精神分析的探求1——精神と身体』岩崎学術出版社, 2001)

やまだようこ（1998）「身のことばとしての指さし」秦野悦子・やまだようこ編『コミュニケーションという謎』ミネルヴァ書房。

矢谷令子（1991）「作業療法白書1990」『作業療法』10（特別1）一般社団法人日本作業療法士協会。

おわりに

　本書の先行版である『ミュージックセラピィ――対話のエチュード』は，著者がイギリスでミュージックセラピーの学びから得たことをふまえながら，おもに「ミュージックセラピストとは何か」についての考えをまとめたものでした。本書の執筆では，その重要点を引き継ぎながらも，「遊ぶこと（playing）」を多角的にとらえることをとおしてミュージックセラピーの意味を吟味することに努めました。「ミュージックセラピーは〈遊び〉である」と結論づけることは，ややもすると誤解をまねくかもしれません。しかし，遊びというものが芸術創造の源であることや，遊びの感覚をもつことによってこそ豊かな日常生活と人間関係を手に入れることができるのだということを本書から汲みとってくださることで，ミュージックセラピーと遊びの世界はひとつの同じものであることを了解していただけると思います。

　音を奏でることや遊ぶことをとおして，私たちは，こころの内面を無理に整頓することなく，鮮やかな経験もあいまいな気持ちもそのまま保持することができます。フィンランドの作家トーベ・ヤンソン（Jansson, T. M. 1914-2001）は，ムーミンの仲間たちにつぎのように語らせています。

　わたし，北風の国のオーロラ（北極光）のことを考えてたのよ。あれが本当にあるのか，あるように見えるだけなのか，あんた知ってる？　ものごとってものは，みんな，とてもあいまいなものよ。まさにそのことが，わたしを安心させるんだけどもね。（トゥーティッキ：『ムーミン谷の冬』講談社，2011年，pp. 31-32）

　なぜみんなは，ぼくをひとりでぶらつかせといてくれないんだ。もし，ぼく

が，そんな旅のことを人に話したら，ぼくはきれぎれにそれをはきだしてしまって，みんなどこかへいってしまう。そして，いよいよ旅がほんとうにどうだったかを思いだそうとするときには，ただ自分のした話のことを思いだすだけじゃないか。(スナフキン：『ムーミン谷の仲間たち』講談社，2011年，p. 19)

　もっとも，ことばで対応することが適切なシチュエーションにまで音楽が入り込むと，あいまいな感情は不安に変貌します。それはたとえば，人と人との交流にはとりあえず音楽が有効だという発想から，安易に音楽活動を始めてしまう行為に代表されるでしょう。人を支える職にある私たちは，音楽をことばの代わりに使うよりも前に，ことばを音楽のようにしなやかに使える者でなければならないと思います。ミュージックセラピーの可能性は，音楽を介してあいまいな気持ちをもちこたえていく状況と，ことばを通じてあいまいさの霧を晴らしていく状況とを共存させるなかにひらかれていきます。

　1996年に訳書『音楽療法——ことばを超えた対話』(レスリー・バント著)を刊行してくださって以来，私の研究を支え続けてくださっていますミネルヴァ書房の皆さまに対して，ここにあらためて感謝の意を表します。とくに本書においては，完成までにたくさんのご助言をくださった編集部の西吉誠氏，日和由希氏，営業部の三上無久氏に厚くお礼申し上げます。また，本書のタイトルに英語表記を加えてくださったスタンフォード大学教授 James R. Reichert 氏と，顔の絵カードを作成してくださったグラフィックデザイナー松浦忠平氏(2014年逝去)のお力添えにも心より感謝いたします。

2016年　春うららかな日に

著　者　稲田雅美

索　引

あ行

アートセラピー（芸術療法）　100, 171
アクスライン（Axline, V. M.）　30
アセスメント　37-39, 121
遊び　iv, 31-33, 35, 36, 45, 98, 104, 163-171, 175, 176, 179, 183, 185, 187, 189, 195, 201
遊びごころ　110, 165, 171, 183, 185
遊ぶこと　iv, 112-115, 163, 164, 189
アルヴァン（Alvin, J.）　2-4, 12, 15, 16, 76, 77, 81, 129
アルドリッジ（Aldridge, D.）　97
アルファ要素　124, 126
アンダーソン（Anderson, H.）　68
アンリオ（Henriot, J.）　164-167
生き残ること　106, 108, 110
移行対象　112
偽りの自己　116, 118, 120, 122
ウィニコット（Winnicott, D. W）　iii, iv, 5, 104-107, 111-116, 118, 119, 123, 124, 126, 163, 169, 171, 189, 199
ADL　11
エイゲン（Aigen, K.）　197
エーレンツヴァイク（Ehrenzweig, A.）　99, 190
エレメンターレ・ムジーク　52, 64
長田弘　198
オスティナート　56, 57, 59, 60, 152, 155, 156
思いつき歌　45-47
オルフ（Orff, C.）　iii, 51, 52, 59, 64, 65, 152
オルフ（Orff, G）　61
オルフ・シュールヴェルク　52, 56
オルフ楽器（群）　64, 65, 130
音楽教育　iii, 51, 59, 64
音楽中心音楽療法　80, 197
音楽発達　40, 41

音楽療法　i - iii, 6

か行

抱える機能　123, 124, 126
抱えること　106
ガストン（Gaston, E. T.）　6, 21
加藤周一　187
可能性空間　110, 112-114, 119, 122, 163
歌舞伎　183
間主観性　85, 88
擬音語　183
聞き做し　185, 186, 189
QOL　11, 14
教会旋法　138-140
拒食症　120, 121
クーイング　45
グループ　14, 21-26, 63, 131
　――セッション　14, 15, 23
　――セラピー　21, 79
クレー（Klee, P.）　176-178, 187
芸術療法→アートセラピー
ケーガン（Kagan, A.）　177, 178
行動理論　3, 4
高齢者　26-28, 75, 79
五音音階　136
コミュニケーション　6, 97, 186
　――能力　13, 14, 17, 100
混合拍子　144

さ行

作業療法　11, 39, 199
錯覚　106
シェマ　44
自我のリズム　190
視線あわせ　91, 94
自尊感情　14, 27, 103

自閉　19
自閉傾向　90, 91, 92, 96
自閉症　16, 77, 78
自閉症児　76
自閉性障害　16, 100
社会的不利　10, 11, 19
自由即興　76, 77, 81
ジョイントアテンション　94-96, 116, 186
象徴遊び　35, 36
情動調律　84-86, 96
シンクロニー　71
身体楽器　59
身体機能　10, 13, 26, 29, 40
スクィグル・ゲーム　115, 116, 163
図形楽譜　160, 162, 171
スターン(Stern, D.)　200, 201
スターン(Stern, D. N.)　iii, iv, 82, 85-87, 114, 184
スティーゲ(Stige, B.)　197
ストー(Storr, A)　25, 26, 68
スロボダ(Sloboda, J. A.)　40
生気情動　83, 84, 87, 89, 184
精神障害　iii, 17, 19, 20
精神療法　105, 114, 127, 171
摂食障害　119
即興　59, 60
即興演奏　iv, 14, 16, 24, 67, 70-72, 74, 75, 78, 82, 89, 96, 97, 99, 109, 113, 119, 122, 130-132, 140, 144, 150, 158-160, 173, 174, 196

た 行

ダイナミックフォーム　88, 89
対話　ii, 5-7, 17, 19, 28, 67, 68, 70-72, 77, 80, 83, 106, 133, 152, 198, 200
武満徹　181, 182, 196
脱錯覚　107
知的障害　91, 100
中東風音階　141, 142
調節　44, 47
沈黙　77, 190, 191, 193, 198
同化　44, 47

統合失調症　17-19
ドローン　56, 59, 140, 152, 155

な 行

内在化　108, 110, 112, 124-126
ナラティヴセラピー　69
並ぶ関係　96
喃語　42, 45
二者モデル　5
人間性心理学　4, 170, 171
認知機能　13, 34, 40
認知症　26, 27
認知能力　32, 34, 44
認知発達段階　35, 36
認知発達理論　44
ノードフ(Nordoff, P.)　4, 76, 78-81, 153
ノードフ・ロビンズアプローチ　ii, 15
ノンセンス　118, 119

は 行

ハーグリーヴス(Hargreaves, D. J.)　41, 46, 47
ハートフォード(Hartford, M. E.)　22, 23
パヴリチェヴィック(Pavlicevic, M.)　88, 113
発達障害　iii, 29
発達の援助　iii, 12, 29, 32
母親の機能　106, 108
バント(Bunt, L.)　12
ピアジェ(Piaget, J.)　35, 44
ビオン(Bion, W.)　iii, iv, 5, 105, 122-124, 126, 127
ピカート(Picard, M.)　191, 193
ひとりでいられる能力　110, 111, 113
表現アートセラピー　170, 171, 189
ブーレーズ(Boulez, P.)　174
ブラッキング(Blacking, J.)　199
ブルーシャ(Bruscia, K. E.)　80, 109
プレイセラピー　31
フロイト(Freud, S.)　5, 123
文化中心音楽療法　197

ペインター（Paynter, J.） 147, 195
ベータ要素 124, 126
変形 127
包容機能 123, 124, 126, 127
ボクシル（Boxill, E. H.） 27, 39
ほどよい母親 107, 109
ボラス（Bollas, C.） 176
本当の自己 116, 118, 122

　　　　　　　ま　行

マッチング 89, 90, 92, 94
未分化 169, 184, 190
ミュージッキング 200
ミュージック 6, 67, 68, 70
ミュージックチャイルド 79
見做し 186, 187, 189
ムーグ（Moog, H.） 42
無音 72, 78, 198
無様式知覚 83, 87

メロディック・イントネーション・セラピー 14

　　　　　　や・ら・わ　行

遊戯療法 30
ユーモア 98, 99, 179, 185
欲求不満 14, 16, 126
ライフレビュー 28
ランガー（Langer, S. K.） 88, 127
リーダーシップ 14, 74
離乳させること 106, 109
リハビリテーション ⅲ, 9-12, 18, 29
琉球音階 136, 138
臨床即興 78, 80
ロジャーズ（Rogers, C.） 170, 171
ロジャーズ（Rogers, N.） 170
ロビンズ（Robbins, C.） 4, 76, 78-81, 153
ロンド形式 56, 57, 60, 62

〈著者紹介〉

稲田　雅美（いなだ・まさみ）

1986年	同志社女子大学学芸学部音楽学科卒業。
1988年	英国ギルドホール音楽演劇大学音楽療法専修課程修了。英国公認音楽療法士。
1995年	関西学院大学大学院社会学研究科社会福祉学専攻修了。修士（社会学）。
2008年	京都大学大学院人間・環境学研究科人間・環境学専攻単位取得退学。博士（人間・環境学）。
現在	同志社女子大学学芸学部教授。
著書	『音楽文化学のすすめ――いま，ここにある音楽を理解するために』（共著）ナカニシヤ出版，2007年
	『音楽療法の現在』（共著）人間と歴史社，2007年
	『音楽が創る治療空間――精神分析の関係理論とミュージックセラピィ』（単著）ナカニシヤ出版，2012年
	『レジリアンス・文化・創造』（共著）金原出版，2012年
訳書	『音楽療法――ことばを超えた対話』（単訳）ミネルヴァ書房，1996年
	『実践・発達障害児のための音楽療法』（共訳）人間と歴史社，2003年
	『子どもとつくる音楽――発達支援の音楽療法入門』（共訳）クリエイツかもがわ，2005年

こころをつなぐミュージックセラピー
――ことばを超える音との対話――

2016年5月10日　初版第1刷発行　　　　　　　〈検印省略〉

定価はカバーに表示しています

著　者　　稲　田　雅　美
発行者　　杉　田　啓　三
印刷者　　江　戸　孝　典

発行所　株式会社　ミネルヴァ書房
607-8494 京都市山科区日ノ岡堤谷町1
電話代表（075）581-5191
振替口座01020-0-8076

© 稲田雅美，2016　　　共同印刷工業・新生製本
ISBN978-4-623-07663-5
Printed in Japan

音楽療法
――ことばを超えた対話――

レスリー・バント　著／稲田雅美　訳
Ａ５判／320頁／本体4000円

老いとこころのケア
――老年行動科学入門――

佐藤眞一・大川一郎・谷口幸一　編著
Ａ５判／224頁／本体3000円

臨床ナラティヴアプローチ

森岡正芳　編著
Ａ５判／300頁／本体3000円

──────ミネルヴァ書房──────